纺织服装高等教育"十四五"部委级规划教材
东华大学研究生课程（教材）建设项目资助

服装品牌
营销案例精选

鲁成 万艳敏 顾彤宇 蒋智威 编著

東華大學出版社 · 上海

内容简介

本书以服装品牌营销为核心，首先概述国际服装品牌历史，介绍案例教学法的基本概念、历史及应用指导，再依营销运作的各环节展开知名国际服装品牌的营销案例阐述及解析。分为“品牌篇”和“策略篇”两大版块。“品牌篇”包括如下议题：品牌战略（品牌理念、品牌定位、品牌保护、品牌调整等）、品牌形象（品牌故事、品牌标志、社会责任）、品牌管理（品牌资产、品牌商标、现代物流）、品牌领袖、品牌基因；“策略篇”包括如下议题：产品（产品品类、副牌产品、产品创意、产品研发、产品价值、关联产品、产品维权、产品工艺）、价格（价格策略）、渠道（采购代理、品牌代理、终端建设、店铺形象等）、促销（社交媒体、品牌广告、品牌公共、奥运营销）。书末还附有商标发展历史时间表和国际服装品牌发展年表。

纳入本书案例解析的有众多国际知名服装品牌，包括 Georgia Armani、Ralph Lauren、Valentino、Lacoste、Cintas、Uniqlo、Mango、C&A、Zara、Diesel、Mizuno、adidas、Louis Vuitton、Herm è s、Gucci 等。本书既可为服装品牌管理方向的案例类课程提供教材，也可为服装企业管理人员、营销人员提供实战参考。

图书在版编目（CIP）数据

服装品牌营销案例精选 / 鲁成等编著. -- 上海：
东华大学出版社，2021.11
ISBN 978-7-5669-1827-7
Ⅰ. ①服… Ⅱ. ①鲁… Ⅲ. ①服装 - 品牌营销 - 案例
Ⅳ. ① F768.3
中国版本图书馆 CIP 数据核字 (2020) 第 232626 号

服装品牌营销案例精选
FUZHUANG PINPAI YINGXIAO ANLI JINGXUAN

鲁成　万艳敏　顾彤宇　蒋智威　编著

出　　版：东华大学出版社（上海市延安西路 1882 号，200051）
网　　址：http://dhupress.dhu.edu.cn
天猫旗舰店：http://dhdx.tmall.com
营销中心：021-62193056 62373056 62379558
印　　刷：上海颛辉印刷厂有限公司
开　　本：889mm × 1194mm 1/16 印张：12.25
字　　数：318 千字
版　　次：2021 年 11 月第 1 版
印　　次：2021 年 11 月第 1 次印刷
书　　号：ISBN 978-7-5669-1827-7
定　　价：48.00 元

CONTENTS 目 录

1. 品牌篇

品牌战略

品牌形象

2. 策略篇

产品

价格

渠道

促销

国际服装品牌历史

1. 商品社会是一个泛品牌世界

这是一个充满品牌的商品世界。作为一个社会人，我们时时刻刻处于品牌传播的包围之中。日常服饰、饮食起居、交通、通信、城乡建筑、大街小巷、报纸杂志、影视传媒和互联网络……形形色色的品牌以黑色或彩色、平面或立体、静态或动态、有形或有声等形式，左右着地球上不同国家、不同种族、不同性别和不同年龄的人的生活和文化。

除全球消费品公司重视品牌之外，政府机构、社会团体、慈善机构、公共事业、高等学府、文化艺术、体育竞技和宗教活动等，都认识到创建一个强势品牌对未来事业获得成功是至关重要的。

那么，品牌究竟是什么？通俗意义上说，品牌是经济社会高度发展的产物。“品牌不仅是代表某个产品和服务的商标，而且还对外传递着诸如企业道德、政治、行为、形象、环保职责、员工关系，甚至企业最高领导人的个性等丰富而复杂的信息。”

2. 商标是品牌的外在符号

商标是指工商企业为区别其制造或经营某种商品的质量、规格和特点的标志，一般用文字、图形或记号，注明在商品、商品包装、招牌、广告的上面。商标通常要向国家的商标管理机关注册或登记，并取得专用权。商标在品牌中的地位非常重要，从形象上说商标是品牌的象征物，从法律上说商标是品牌的法定代表，从财务上说商标是品牌的等价物，但是商标本身并不是品牌。

美国营销协会（American Marketing Association，简称 AMA ）对品牌的定义：品牌是一种名称、术语、标记、符号或设计，或是他们的组合运用，其目的是借以辨认某个销售者或某群销售者的产品或服务，并使之同竞争对手的产品和服务区别开来。如果站在品牌建设者、所有者和管理者角度，品牌就是人们对组织、产品或服务提供的一切利益关系、情感关系和社会关系的综合体验的独特印象，是代表特定所有者权益的一种无形资产。

商标作为品牌的商业符号，其发展历程伴随国际政治、经济、文化的历史变迁而演进。现代商标已从最初以文字和图案为内容的平面形式，转变为以视觉和听觉为特征的三维模式，并朝着满足于消费者的视觉、听觉、触觉、嗅觉、味觉为目标的五感体验方向发展。

3. 商标发展历程的六个阶段

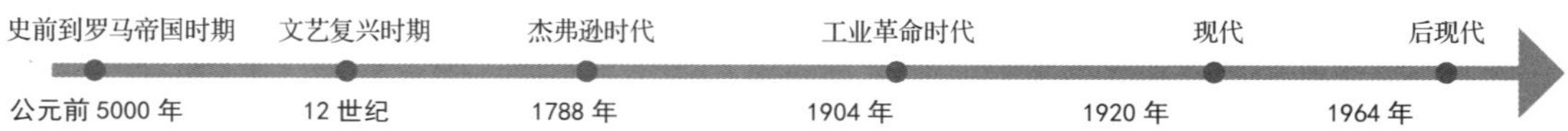

图 1：商标发展历史时间表示意图

上图反映的是商标发展的基本历程（有关详细内容参见附录 1），其轨迹可粗略地刻划出世界商标演变的主要脉络。主要经历六大阶段：

第一个阶段：史前到罗马帝国时期的商标

在这一时期，人们在陶器、石器、砖块等物品上刻有各种符号，被认为是早期商标的雏型。原始人类使用这类商标的目的可能是为了表明物品的所有权。到罗马帝国时代，在各类物品上标记商标达到了全盛。

第二个阶段：文艺复兴时期的商标

从罗马帝国时期到文艺复兴时期，商标的使用很少被记载。

在文艺复兴时期，商标首次被用于区分制造者，这样，消费者就可以根据商标快速的辨别产品的制造者，制造商的利益通过商标得以保护。同时，制造商用商标来做广告宣传，其名誉跟商标紧密相连。当时，法律保护商标价值尚不明确，但承认商标的资产价值。值得一提的是：英国法院于 1618 年受理的一个商标侵权案：一个名叫 Southern v. How 的劣质服装生产商，采用一个优质服装商的商标，首次出现侵权。这一事件被认作为中世纪商标与现代商业商标的联系，拉开了商标维权的序幕。

第三个阶段：杰弗逊时代到工业革命初期的商标

具有现代意义的商标和商标法在这一时期已初现端倪。值得后人敬仰的是，1791 年托马斯·杰弗逊（注：美国第三任总统，1743 ~ 1826 年）极力提倡在美国宪法商业条款的基础上为商标立法。1857 年，法国颁发《商标法》。1862 年，英国颁发《商标法》。1881 年，美国通过了《商标法》。至此，商标成为合法财产，而各种品牌名称开始为消费者所熟悉。

在服装服饰业，荷兰的 C&A（1841），瑞士的百利（Bally·1851），法国的路易·威登（Louis Vuitton·1854）、爱瑟仕（Hermes·1856）、仙黛尔（Chantelle·1876）、黛安芬（Triumph·1886）、都彭（S.J.Dupont·1892）、朗万（Lanvin·1889），英国的柏帛利（Burberry·1856）、登喜路（Dunhill·1893），美国的李维斯（Levis·1883）、李（Lee·1889）、阿贝克隆比 & 费奇（Abercrombie & Fitch·1892）和锐步（Reebok·1895）等都是那一时期的产物。

第四个阶段：工业革命时代的商标

美国商标法在此期间发生了戏剧性变化，即在 1881 年《商标法》的基础上，将州际间的商贸往来也纳入保护范围。这一举措赋予了商标保护新的意义与力度。在全新法令颁发后，那些已经为消费者所熟悉的公司争先恐后地赶去为他们的商标进行了注册。其间，其他国家的服装、服饰商标注册也拉开了序幕，如日本的美津浓（Mizuno·1906），意大利的杰尼亚（Ermenegildo Zegna·1910）、楚沙迪（Trussardi·1911）、普拉达（Prada·1913）和芬迪（Fendi·1918）等。

第五个阶段：现代商标

在这一时期，品牌名和新产品带来的商业利益持续增长。商标潮流紧随时代变迁的步伐。《兰哈姆法》（*Lanham Act*，美国联邦商标法）为各国商标的使用和保护提供了很好的范本。

全球各国强势服装品牌在这一阶段得到了空前发展。各国代表性品牌有：

法国的夏奈儿（Chanel・1921）、乐飞叶（Lafuma・1930)、尼娜・丽姿（Nina Ricci・1932）、鳄鱼（Lacoste・1933）、巴黎世家（Balenciaca・1937）、赛琳（Celine・1945）、迪奥（Dior・1946）和纪梵希（Givenchy・1952）等。

意大利的古奇（Gucci・1923）、费尔格蒙（Sslvatore Ferragamo・1923）、曼克斯曼兰（MaxMara・1951）和米索尼（Missoni・1953）等。

瑞典的 H&M（1947）。

德国的阿迪达斯（Adidas・1949）、彪马（Puma・1949）、波士（Hugo Boss・1923）。

第六个阶段：后现代商标

在后现代工业社会中，商标的表现形式开始呈现多样化特征。商标已不再拘泥于文字和平面图案，而开始出现三维形式。借助于视觉、听觉、嗅味等组合，商标自觉地朝着五感体验的方向演变，为体验经济时代的来临提供了更广泛的法律保护。同时，万维网制造了新的商标问题，广告也因网络发生改变。新问题牵涉到域名以及由相似组合词引起的困扰。

影响后现代工业社会时尚潮流的品牌有：

法国的瓦伦蒂诺（Velentino・1960）、伊夫・圣・洛朗（Yves Saint Laurent・1962）和索尼亚・里基尔（Sonia Rykiel・1968）。

加拿大的宝姿（Porst・1961）。

意大利的贝纳通（Benetton・1968）、乔治・阿玛尼（Giorgo Armani・1975）、迪塞尔（Diesel・1978）、范思哲（Versace・1978）、费雷（Gianfranco Ferre・1978）、道奇・茄巴那（Dolce & Gabbana・1985）。

美国的拉尔夫・劳伦（Ralph Lauren Polo・1968）、卡尔凡・克莱恩（Calvin Klein・1968）、盖普（Gap・1969）、维多利亚的秘密（VICTORIA'S SECRET・1970）、耐克（Nike・1972）、佐丹奴（Giordano・1980）。

日本的三宅一生（Issey Miyake・1970）、高田贤三（Kenzo・1970）、无印良品（Muji・1980）。

西班牙的 ZARA（1975）。

丹麦的 ONLY（1975）、JACK&JONES（1975）。

英国的 TIE RACK（1981）、NEXT（1982）、OASIS（1991）。

4. 第一个时装设计师品牌诞生——Worth

19 世纪末，巴黎已成为流行服装的发源地。第一个时装设计师品牌就诞生在那里。虽然，第一个时装设计师品牌的主要市场在法国，但它的创建者却是英国人。

查尔斯·弗雷德里·沃斯（Charles Frederick Worth）改变了服装行业的游戏规则。在他来到法国之前，巴黎的服装定制裁缝师并不能创造风格或引领时尚。这些裁缝师仅仅是服装款式的快速复制者。新潮的服装样式主要来自富有顾客拿来的服装杂志上的图片或上流社会的社交场合名媛的着装图片。一般顾客自己选择面料和颜色，裁缝师按其喜好制作出服装。沃斯是第一个按自己的品味影响女性消费者的服装设计师，结果成就了他成为时装设计师第一人。

1826 年 10 月 13 日，沃斯出生于英国林肯郡（Lincolnshire）的伯明市（Bourne）。像今天许多著名设计师（如 Galliano、Gaultier、McQueen）一样，他有一个卑微的家庭背景。他是一个律师的儿子，父亲叫 William Worth。当沃斯还是一个孩子时，老 Worth 正陷入财务困难。为了减轻家庭负担，沃斯到伦敦谋生。在 Piccadilly 大街（伦敦繁华的大街之一）一家名叫 Swan and Edgar 的布行做学徒，后来做到记账员。学徒期间，沃斯练就了对奢华面料的独特眼光，并在推销方面显示出巨大才能。20 岁那年，在强烈事业心的驱动下，他前往巴黎。

沃斯获得了一份在 Richelieu 大街 83 号 Gagelin and Opigez 女装店的工作。当时，他并不忙于专注他的客人的需要，而是为他在同一家店工作的法国新娘（Marie Vernet）设计服装。不久，顾客开始注意到沃斯设计的这些优雅作品。虽然这些款式和当时的潮流一样风格笨重，但其裁剪和色彩上带有独特的视觉冲击力。Gagelin and Opigez 女装店专为他设立一个展示其作品的小部门并赢得顾客赞誉。

然而，Gagelin and Opigez 女装店并不能让沃斯实现其商业目标。在一个名叫 Otto Bobergh 的富有而年轻瑞典布商的资助下，他建立了自己的女装店。1858 年，巴黎和平街 7 号创建了 Worth & Bobergh 女装店。虽然沃斯拥有许多知名客人，但他的重要突破是为玛特妮希公主（Princess Metternich，一位奥地利驻巴黎大使夫人）设计袍服。欧仁妮皇后在巴黎蒂伊尔里宫（Tuileries Palace）的舞会上发现了这款袍服，随即欧仁妮皇后召唤沃斯为指定设计师。

很快，沃斯为全球许多最富魅力的妇女设计服装。与以往前辈不同，沃斯不会奉承客人，帮其客人模仿制作客人所看到的袍服。相反，他用更好的设计理念来提升客人的原有风貌。放弃无边女帽和克里诺林裙衬，沃斯开始围绕人体进行裁剪服装。虽然他的风格形成很缓慢，但却很明确。

沃斯是一个营销天才。早先，服装被展示在木制胸架上。沃斯是首次使用年轻的女性给他的客人展示其作品的设计师，创造了时装模特概念。他还将其作品存放在一些时尚女性那里，他深知她们会将这些服装在上流社会予以传播。私下里，他轻蔑地称这些时尚女性是操作员。

普法战争期间，Worth & Bobergh 店暂停营业。1874 年，在其儿子菲利普（Jean Philipe）和高斯顿（Gaston）的协助下，开设了 Maison Worth 精品时装店，并首创将服装样版贩卖给美国和英国之风。1895 年，沃斯逝世，其事业继续由其子孙经营。1900 年，推出 Worth 香水，并在伦敦设立分店。1945 年，Maison Worth 精品时装店被转售，但伦敦销售店仍沿用其名，而 Worth 香水品牌则由其曾孙罗杰·沃斯（Roger Worth）拥有。

5. 开创现代品牌营销管理新模式——宝洁体系

20 世纪 30 年代前，品牌的管理基本沿用一般管理的方法。1931 年 5 月 31 日，一份具有历史意义的品牌营销备忘录在宝洁诞生。哈佛毕业生尼尔·麦克尔罗伊（Neil McEliroy）在这份长达 3 页的备忘录中详细介绍了他的品牌管理思想，即建议公司成立一个专门负责 CAMAY 牌香皂的品牌管理机构。公司总裁杜普利破例详细阅读了这份超长的备忘录（公司规定备忘录不能超过 1 页）并予以批准。于是，一份备忘录改变了宝洁的发展史，也成为了创建品牌管理系统的经典性文献，人们将这个管理系统称为“宝洁体系”。

在宝洁体系下，品牌经理要对某一品牌的营销全权负责，其收入与该品牌业绩挂钩。由此，品牌经理会充分发挥其智慧和才能，在内外部双重竞争的压力下争取其管辖品牌获得成功。简单地说，宝洁品牌管理系统的精要就是让自己的品牌相互展开竞争，这对当时的美国工商业来说是个全新的概念。

宝洁公司在提出品牌管理之前，并不重视品牌。公司通过引进系统的品牌管理方法，证明了在进行品牌管理时，某些组织框架非常有效，以及包容的态度总比漠然、特别是排斥的态度要好。系统不能在一夜之间改变世界，但品牌管理逐步成为一项被认可的职能活动。截止到 1967 年，84% 的美国大型消费类包装产品的生产企业都设立了品牌经理。

宝洁的巨大成功唤醒了包括服装企业在内的成千上万家公司的竞争能量。它们纷纷效仿宝洁的做法，并因此都取得了成功。后来，麦克尔罗伊本人不仅成为宝洁公司的首席执行官，还出任过美国国防部部长。

具有现代意义的国际服装品牌发展历程起步于20世纪30年代。

6. 国际服装品牌的发展历程

本书附录二国际服装品牌发展年表，大致勾画出国际服装品牌和品牌集团的发展脉络。主要特征如下：

1）由于有关17世纪和18世纪的服装品牌相关资料较少，尚未形成对这一时期服装品牌产生的基本概况的准确定义，通常可视为服装品牌产生的孕育期。

2）19世纪以手工定制为特征的服装行业是国际服装品牌发展的重要阶段，通常可视为服装品牌产生期。

3）19世纪末和20世纪初，由于成衣工业的迅速发展，国际服装品牌开始从奢侈品品牌建设转向普通成衣品牌发展。这一时期通常可视为服装品牌成长期。

4）20世纪30年代后，特别是经过二次世界大战的洗礼，国际服装品牌发展侧重于国际化、集团化方向，通常可将其视为服装品牌扩张期。

5）20世纪80年代后，国际服装品牌的发展走势转向本土化和资本化，通常可视其为服装品牌转型期。

6）在国际服装品牌发展历史沿革中，下列国家或地区作了不可磨灭的贡献：

（1）法国、英国、美国和意大利的服装品牌创建历史在不同时期全面深刻地影响着国际服装品牌的发展格局，尤其在奢侈品方面处于垄断地位。

（2）在运动品牌、时尚品牌和量贩品牌方面，德国、日本、西班牙、荷兰和瑞典则形成了一定领先优势。

（3）服装在特定区域和经营领域产生一定影响方面，挪威、丹麦、澳大利亚、韩国、加拿大和中国香港等国家和地区功不可没。

7. 法国服装品牌发展简史

法国，西方服装文化的圣地，也是当今国际服装流行的发祥地。

虽然早在17世纪下半叶，路易十四致力于文化与艺术发展，使巴黎成为当时欧洲宫廷服饰的流行中心。但是，以英国为代表的欧洲工业革命使“英国制造”成为“时尚、创意、高档”的代名词。作为区域品牌的伦敦，其时尚影响力要远远高于巴黎。这一点可以通过以下两个事例给予证明：

1）以经营英国服饰风格为特色的 Old England 品牌店创建于 1867 年的法国，并于 1886 年开出了首家奢侈品店。它标志着 19 世纪的法国社会对英国服饰消费品的崇拜。

2）法国最具代表的路易・威登品牌，为了扩大奢侈品的市场份额，确立其品牌的国际地位，于 1885 年在英国伦敦牛津街 289 号首开路易・威登专卖店，并以连续亏损 13 年的代价，终于在当时竞争最激烈的伦敦市场站稳了脚跟。

自 19 世纪下半叶起，在沃斯等品牌的影响下，法国服装品牌历史翻开了辉煌篇章，重要的品牌有路易・威登（Louis Vuitton・1854）、爱瑟仕（Hermes・1856）、仙黛尔（Chantelle・1876）、黛安芬（Triumph・1886）、乐卡克（Le coq sportif・1882）、都彭（S.J.Dupont・1892）和朗万（Lanvin・1889）等。

20 世纪初，在保罗・波华亥（Paul Poiret）的推动下，法国设计师品牌在不同年代得到了前所未有的发展，其中最重要的有：

20 世纪 20 年代的可可・夏奈尔（Chanel・1921）等；

20 世纪 30 年代的尼娜・丽姿（Nina Ricci・1932）、巴黎世家（Balenciaca・1937）等；

20 世纪 40 年代的皮尔・巴尔曼（Pierre Balmain・1945）、玛莱・卡芬（Carven・1945）和克里斯汀・迪奥（Dior・1946）等；

20 世纪 50 年代的皮尔・卡丹（Pierre Cardin・1950）、休伯特・德・纪梵希（Hubert de Givenchy・1952）和纪・拉罗什（Guy Laroche・1957）等；

20 世纪 60 年代的安德烈・库雷热（Andre Courreges・1961）、伊夫・圣・洛朗（Yves Saint Laurent・1962）、伊曼纽尔・温加罗（Emanuel Ungaro・1965）和索尼亚・赖基尔（Sonia Rykiel・1968）等；

20 世纪 70 年代的蒂埃里克・米勒（Thierry Mugler・1974）、让・帕图、让・保罗・戈尔捷（Jean Paul Gaultier・1978）和克劳德・蒙塔纳（Claude Montana・1979）等；

20 世纪 80 年代的卡尔・拉格费尔德（Karl Lagerfeld・1984）和克里斯汀・拉克鲁瓦（Christian Lacroix・1987）等。

除设计师品牌之外，20 世纪 30 年代以来，法国在运动类、户外类、休闲类、量贩类、时尚类等领域的服装品牌建设也有突出的表现，其中重要的品牌有 Lafuma（1930）、艾格（Etam·1932）、鳄鱼（Lacoste·1933）、赛琳（Celine·1945）、FERAUD （1950）、Promod（1975）和 KOOKAI（1983）等。

8. 英国服装品牌发展简史

创建于 1689 年的艾德 & 拉文斯克洛夫特服装店（EDE & RAVENSCROFT）是英国服装定制业的典范。有着 300 多年历史的艾德 & 拉文斯克洛夫特服装店至今仍屹立在坚守传统的英国城镇。英国服装品牌的创业史大约可以从那一时期起。

当然，具有现代意义的英国服装品牌还得从 19 世纪的英国现状说起。

19 世纪是欧洲走向现代化的世纪。作为工业革命的摇篮，英国在这一时期的发展具有两大特征：

特征之一，英国被称为“世界的车间”，其经济发展异常迅速，成为世界上最富裕的国家，它的制成品占领 1/2 的世界市场，它的工业品占领 1/3 的世界市场。同期，英国在技术、商业、金融方面的知识转移到了欧洲各国。1870 年，比利时、德国、法国和瑞士像英国一样成为了工业强国。在 19 世纪最后几年，关税壁垒使工业强国之间的争斗日益激烈，打破了它们之间的平衡。英国经济霸权的时代结束了。

特征之二，城市人口的迅猛增长成为英国社会结构的标志性特征。到了 19 世纪末，英国社会成为世上最城市化的社会：10 个英国人中有 9 人住在城市里。飞速发展的城市化带来了巨大的社会问题。为此，1844 年，恩格斯写下了《英国工人阶级状况》一文。改善和保障城市人民生活的基本需求——衣食住行，似乎成为整个社会的发展动因。

基于上述两大特征，英国服装品牌的历史虽起步于传统的手工定制业，但其在奢侈品品牌和不同层次的成衣品牌领域均有所建树。不同的是，英国服装品牌的发展不如法国的奢华、美国的规模和意大利的夸张。直到今天，令人困惑的是：英国拥有发达的现代工业基础、巨大成熟的消费市场、令人羡慕的大英博物馆和维多利亚 & 阿尔伯特博物馆、一流的时装艺术院校（CETRAL SAINT MARTINS 和 LONDON COLLEGE OF FASHION）、不断涌现的伟大设计师（查尔斯·弗雷德里·沃斯、Galliano、Gaultier、Mcqueen、Mary Quant 、Vivienne

Westwood），以及世界顶尖经营奢侈品为主的百货公司 Harros……但英国服装品牌的发展却滞后于法国、美国、意大利，甚至日本和西班牙。

满足、平稳、孤傲、自我或许是英国服装品牌经营者的创业心路。

下面让我们认识下影响英国和国际的英国服装品牌：

第一阶段：奢侈品牌期（19 世纪中后期至 20 世纪初）

在这一时期，经典品牌有柏帛利（Burberry·1856）、登喜路（Dunhill·1893）、Marks & Spencer（1844~1894，英国最大服装零售商）和 T.M.LEMIN（1898）等。

第二阶段：低价成衣期（20 世纪初至 60 年代）

这一时期，英国服装品牌有了新发展，典型品牌有 Burton（1900）、F.L.CROOKS & CO.（1905）、Bhs（1928）、ASDA（1949）、Top Shop（1964）和 New Look（1969）等。

第三阶段：时尚成衣期（20 世纪 70 年代至 90 年代）

相比较于意大利、美国和法国，英国在这一时期的品牌发展相对较缓慢，重要的品牌则有 Monsoon（1973）、TIE RACK（1981）、NEXT（1982）、LK Benntt（1990）、OASIS（1991）和 Reiss（2000）。

9. 美国服装品牌发展简史

19 世纪初，新英格兰的一些商人想出了主意，将做成的裤子和衬衫出售给在港口暂作停留的水手。由此，拉开了美国服装品牌发展的历史。其中，1818 年创建的布克兄弟（Brooks Brothers·1818）品牌代表着当时美国男装品牌的水准。

与英、法两国服装品牌发展历史不同，美国服装品牌发展源于成衣工业。下列事件对美国成衣品牌的发展产生了巨大影响：

事件之一：早期妇女杂志的发行推动了美国服装流行走势，如 1830 年出版的 *Godey's Lady's Book* 和 1839 年出版的 *Graham's Magazine*。

事件之二：19 世纪 40 年代，成衣的需求量由于西部的淘金热而大增。

事件之三：创建于 1851 年的美国胜家缝纫机公司对美国成衣女装业产生影响。

事件之四：1860 年，Eebenezer Butterick（1826.5.29~1903.3.31）开发了成

衣纸样。

事件之五：南北战争（1861~1865）期间，美国政府规范了士兵的制服尺寸，为推进美国成衣品牌的标准尺寸奠定了基础。

下列服装品牌基本反映了美国服装品牌的发展沿革：

19世纪的服装品牌有布克兄弟（Brooks Brothers·1818）、李维斯（Levis ·1883）、李（Lee·1889）、阿贝克隆比 & 费奇（Abercrombie & Fitch·1892）和锐步（Reebok·1895）。

20世纪的服装品牌有内曼马库斯（Neiman–Marcus·1907，属零售商品牌）、寇兹（Coach·1962）、奥斯卡·德拉伦塔（Oscar de la Renta·1965）、拉尔夫·劳伦（Ralph Lauren Polo·1968）、卡尔凡·克莱恩（Calvin Klein·1968）、盖普（Gap·1969）、维多利亚的秘密（VICTORIA' S SECRET·1970）、比尔·布拉斯（Bill Blass·1970）、耐克（Nike·1972）、里兹·克莱本（Liz Claiborne·1976）、佐丹奴（Giordano·1980）、安娜苏（Anna Sui·1981）和唐那·凯伦（Donna Karan·1985）等。

10. 意大利服装品牌发展简史

意大利服装品牌的发展历史大约可以追溯到20世纪10年代，通常可以分为三个阶段：

第一阶段：手工初创期（20世纪10年代至30年代）

当时，意大利就有一批极具精湛手艺的手工创作者。他们主要从事包括皮包、皮鞋、手套、服装和首饰在内的手工制品工作。这批影响20世纪意大利时装业的先驱们最初多为学徒工出身，等掌握了一定的技术后，就拿出自己的积蓄在城市的商业街开店。“前店后作坊”是其品牌经营的雏型。画稿、驳样、选料、定制，以满足有钱客人的需求。

当时意大利的著名品牌有杰尼亚（Ermenegildo Zegna·1910）、楚沙迪（Trussardi·1911）、普拉达（Prada·1913）、芬迪（Fendi·1918）、古奇（Gucci·1923）和费尔格蒙（Sslvatore Ferragamo·1923）等。

第二阶段：国际瞩目期（20世纪40年代后期至60年代）

由于战后经济的复苏，以意大利罗马为首的高级精品服饰因其手工精致、品质卓越、风格新颖，倍受国际奢侈品消费市场的瞩目，其中，古奇和芬迪在这一时期扮演了重要角色。

与此同时，为了顺应国际潮流，意大利的服装行业从手工制作向工业化转型，诞生了第一代现代服装业，企业家、设计师和品牌也随之应运而生。

最具代表的品牌有 Les Copains（1950）、曼克斯曼兰（MaxMara·1951）、米索尼（Missoni·1953）、瓦伦蒂诺（Velentino·1960）、Mariella Burani（1960）、杰妮（Genny·1961）和贝纳通（Benetton·1968）等。

第三阶段：Made in Italy（20 世纪 70 年代至 90 年代）

在继承意大利传统服装行业精湛手工技艺和全面学习现代服装工业管理和运作模式基础上，自 20 世纪 70 年代起，意大利服装品牌全面崛起，米兰一跃成为国际时尚之都。标有“Made in Italy”的品牌赢得了国际认可和推崇。国际化的意大利品牌也推动了其时装设计师走向国际化。

这一时期代表国际潮流的意大利品牌有乔治·阿玛尼（Giorgo Armani·1975）、迪塞尔（Diesel·1978）、范思哲（Versace·1978）、费雷（Gianfranco Ferre·1978）、莫思奇诺（Moschino·1980）、道奇·茄巴那（Dolce & Gabbana·1985）和 Miss Sixty·1991 等。

案例教学法简介

案例教学法是培养学生理论联系实际、解决问题能力的一种教学方法，由教师控制，学生作为主体参与，围绕真实案情展开，比较适合人文社科领域内容的教学。案例教学法有别于以授课教师为中心的传统教学方法，具有过程的开放性、信息的对称性、思维的多元性与创新性等特征，其过程的意义往往大于结果。

案例教学法适用于具有一定基础知识、素质全面的学习者，在培养学习者分析和处理实际问题的能力、处理复杂事件的应变能力以及团队精神等方面，表现出良好的适用性。

案例教学法的起源

案例教学法自古有之。早在春秋战国时期，诸子百家就大量采用民间故事来阐明事理。在国外，古希腊著名哲学家和教育家苏格拉底采用对话、讨论等启发式的教学方法，通过向学生提问，不断揭示对方回答问题中的矛盾，引导学生总结出一般性的结论。苏格拉底的教学方法对于培养学生独立思考的能力、怀疑和批判的精神以及对于西方教育和学术传统的形成都起过十分重要的作用。他的学生柏拉图将这种一问一答编辑成书，以一个个故事为媒介说明一个个道理，开辟了西方案例教学的先河。

现代意义上的案例教学法由美国哈佛大学在20世纪初开创，最早应用于法学教育，是英、美、法等国家法学院最主要的教学方法。在医学教育领域，面对临床医学教学严重滞后于临床实践的状况，美国约翰·霍普金斯大学医学院采用了与传统教学截然不同的模式。教学人员在鼓励学生参与临床的同时，开创了一种方便学生参与的教学形式，即临床病例学会议。在会议上，病理学家、临床医生、教学人员、学生共同参与研究病人的医疗记录。这种教学形式在医学教学领域逐渐流行，形成了医学教育中特有的案例教学法。

案例教学法在法学院和医学院的成功应用，给管理教学以极大的启示。哈佛大学商学院自成立之初，就在企业管理教学中引入了“问题法”，邀请企业家或经理人以口头或书面方式提供企业管理中的现实问题。这一方法就是后来被公认的哈佛案例法的前身。后来，越来越多的企业家或经理人被邀请到课堂中来给出问题、主持学生的研讨活动，由学生对现实中的管理问题进行深入分析并提出建议。目前，哈佛大学商学院为期两年的 MBA 教学过程中，要求每个学员参加大约 500 个案例的讨论，几乎天天有案例教学，有时甚至一天讨论几个案例。

高质量的案例是实施案例教学的根本。哈佛大学商学院成立了案例开发中心，建立了完整的从案例选题、搜索、撰写、应用、储存、更新，到发行和版权保护等各个环节环环相扣的案例库系统。每个案例皆经过众多大师认真筛选、反复论证。而在欧洲，法国欧洲工商管理学院每年向教授发放的案例研究经费为平均每个案例 1.5 万欧元，以保证案例贴近实际，并得到及时、准确的更新。

哈佛大学商学院在其案例教学法教学中，教师预先把工商管理案例和资料发给学生，要求学生自行阅读，进行详细分析，做好笔记。上课时，教师先指定一名学生用 10 ~ 20 分钟时间，依据案例分析问题，提出解决问题的手段、方法和途径。然后由其他学生从各自的角度分析同一案例，阐明自己的看法，特别是与别人不同的方面。教师通过成绩评定来控制学生的课堂表现，形成一个不断向学生“加压”的学习机制。该教学考核中规定学生在课堂上的表现情况占学习总成绩的 25% ~ 50%，如果一个学生没有进行充分的预习，在案例讨论时不得不选择“Pass”（回答竞赛题时的词语，意为“不知道，过”）的话，那么他的成绩会自动拉下一档，两次“Pass”之后可能拿不到学分。

哈佛大学商学院案例教学者们认为，一个案例的正确答案绝不是唯一的，案例分析的结果往往是一个中间产物，最后总会留下很多悬而未决的问题。他们的案例分析不重视是否得出正确答案，重视的是得出结论的思考过程，重视如何适应形势变化去确定更好的、更有效的管理手段。哈佛大学商学院案例教学法对其他领域的教育有着重大影响，之后这种教学方法从美国传播到了世界许多国家，已被广泛应用到不同领域的教育培训实践中。

我国教育界开始探索案例教学法大约在改革开放之初，1979 年邓小平访美时签署了引入哈佛案例教学法的中美合作协议，并由此形成了中美双方专家组成的案例开发小组。据北京大学管理案例中心测算，一个优秀案例的成本在人民币 1 万元左右。清华大学经济管理学院和教育部共同出资 1000 万元人民币，建设“中国工商管理案例库”，并以人民币 800 万元分三期采取招标形式向全国征集案例，其付费标准是平均千字千元。每一篇案例的研发均严格按照哈佛案例研发标准，其撰写需长期跟踪目标企业并实地调研，篇均研发周期约 6 个月。巨大的经费和人力投入足以说明案例教学已在我国受到了重视。目前，案例教学法在公司、高校等的教育、培训中都有一定程度的运用，显示出良好的教学效果与价值。

案例教学法的特征

案例教学法是由教师控制、学生作为主体参与、依据真实的案例、围绕案情发展而展开的互动式教学方法。案例教学法本着整合理论与实践的宗旨，以真实和具体的案例为基本素材，将学习者引入特定事件的实境之中，学习者积极参与、平等对话，通过教师与学生之间、学生与学生之间的多向互动，促使学习者充分理解问题的复杂性、变化性和多样性，重点培养学习者分析和处理实际问题的能力、批判反思意识和团队合作精神。案例教学法既包括一种特殊的教学材料，同时也包括运用这些材料的特殊技巧。

联合国教科文组织在对案例研究、讨论会、课堂讲授、模拟练习等方法的教学功能调查中发现，案例教学法在知识传授、学生的接受程度、知识巩固三方面居第二位，在分析能力培养方面居第一位。特别是与传统的讲授法相比，案例教学法在提高学生分析能力方面的优势尤为突出。

案例教学法的特征主要表现为：

1）学生作为主体参与，教师适当组织引导

案例教学法的一个基本宗旨是，要充分发挥学习者的自主性。学生先要独立思考和分析案例，准备好自己的观点和方案，然后参与讨论，最后形成案例分析报告。在讨论过程中，教师把更多的机会让给学生，学习者在前台扮演主角。这样，对学习者而言，便形成了自觉学习的压力机制。

案例教学法把以教师为中心的传统教学方式转变为以学生为中心的教学方式，学生的学习方式从被动接受知识转变为主动探索，它让学生在真情实景之中以“当事人”身份思考问题，训练学生分析和解决实际问题的能力。

2）将“点对面”的单向教学模式转变为“点对点”“面对面”的多方位互动模式

传统教学方法主要是单向的理论灌输式的教学方法。一位教师需要面对众多学生，师生之间的互动是“点对面”的形式，交流必定是非常有限的。案例教学法一改这种单向模式，注重教师与学生个体之间、学生个体与个体之间、学生团体与团体之间、教师与学生团体之间的多方位交流，形成多向的交流和互动机制与模式。

案例教学法以客观发生的事实为基础，以案情的发展为主线，学员以“主人翁”身份演绎教学过程。尤其是在课堂上展开的对案例的分析和讨论的过程中，教师不是站在讲坛上夸夸其谈，唱“独角戏”，而需融入学生群体之中，引导学生进行讨论、交流观点。先由学生个体充分表达自己的见解，在个体之间形成“点对点”的交流甚至争锋。然后组织学生小组与小组之间的“面对面”交流。在教师的引导下，通过多方位的互动交流，集思广益，相互促进，形成较为完善的解决方案。这种方法非常有利于学习者能力的成长。

3）凸显过程的开放性、信息的对称性、思维的多元性

传统教学中，教师的中心地位造成了信息的传输局限于从教师到学生的单向流动，不可避免地具有灌输的色彩。学生如何理解？怎么想？教师很少能够照顾到，信息的流动是不对称的。案例教学法在思想和过程等方面全面开放。课堂向课外开放，学生向教师开放，学生向学生开放。在讨论中，学生当堂发表见解，每人都有发言机会。师生之间是平等的，信息是对称的。

案例教学法倡导多元的、发散型的思维方式。事物的发展具有多种可能性，一个复杂问题往往存在多种解决途径与方法，案例教学法就是将案情展示给学习者，不同的学习者会对案情做出不同的反应，通过学员之间的互动交流、相互启发、相互影响，让学员自觉地发现解决问题的多个途径与方法。多元思维有利于学员在实际工作中面对复杂问题时从多个角度思考问题，尽可能地预计到事件发展的各种可能性，准备好多种解决方法、多个预案。尤其是当事件发展出现变数时，不致于手足无措，而能应对自如，从而提高应对变局的能力。

4）轻结果，重过程，把教学过程巧妙地转化为教学内容

对于复杂事件，其正确答案往往不是唯一的，需要重点考虑的是事件发展的动态过程和多种可能性。案例教学法不是建立在已经被验证的知识或信息（如真理、定律等）基础上的，而是以客观发生的、业已存在的事实为出发点，它的目标不是让学生去接受某个不容置疑的、唯一的正确答案，而在于探讨复杂问题发展的多种可能性，寻求通向成功的可能途径，答案是多元的，没有绝对正确，只有更好。案例教学法的重点在于其过程，而不是结果，重视的是得出结论的思考过程及解决问题

的方法。

诚然，不同的教学方法具有不同的适用性，案例教学法因其方法特征、对学习者的特殊要求以及教学环节的复杂性等因素，也有其不足和局限性。

从教学环节看，案例教学法比传统教学方法更为复杂，操作难度大。收集和研究案例需要花费教师大量的时间和精力，理想的案例不易获得。教师需要经过良好的训练才能恰当把握教学过程，取得较好的教学效果，稍有不慎，容易走样。从方法本身的特点看，案例教学法需要花费大量的时间，教学效率不高，“边际效益”不佳。特别是在基本理论的阐释、基础知识的传授等方面，其成本比较高，远不如讲授教学法实用，表现出明显的局限性。从对学习者的要求看，理论准备和实践经验是必不可少的。在案例法教学中，学员面对实际设身处地地应对复杂问题，没有一定的理论基础和工作阅历是难以胜任的。从这个角度看，案例教学法对高等教育和成人培训尤显适用。

案例教学法在营销类课程中的运用——致学生

案例教学法是符合市场营销类课程特点的、有利于教学目标更好实现的行之有效的教学方法。案例教学法要求以学生作为主体进行案例分析，案例分析可以有两种形式：课堂上以口头形式展开的案例讨论和课后作为书面作业的案例分析报告。

1）课堂上以口头形式展开的案例讨论

首先，阅读书籍、报刊、网络媒体或案例教材中的营销案例，为课堂案例讨论做好充分的准备，案例可以是真实的商业事件，或者是反映真实情况的虚构事件。然后，运用市场营销相关理论、概念和原则来解决其中的问题。你在案例讨论过程中既可以分享对既有案例的分析和建议，也可以提供自己在实际工作中遭遇的问题，供大家讨论。这种互动可以让你练习如何表达和捍卫自己的想法。

你需要掌握恰当的沟通及讨论技巧。要在有限的时间内做到简明扼要、重点突出、条理清楚、论据充分地阐明自己的观点。对待别人的不同意见既要“辩”，又要做到“理性”地对待，正视持不同观点者意见的客观性，以完善自己的解决方案，同时要防止舍本逐末、忽视问题的本源和主要矛盾，将注意力集中于细枝末节等情况的出现。你还要适应因为信息不完备而感到所讨论问题面临太多不确定性的情况。

在案例分析和讨论中，一般答案没有正误之分，只有准备是否充分、分析和建议是否合乎逻辑以及思维组织是否良好之分。然而，基于教师的知识、经验和对该主题文献的理解，教师可能认为某些答案（分析和建议）比其他的更合适。

2）课后作为书面作业的案例分析报告

以正常速度阅读案例，不要停下来做笔记，直至看完案例末尾布置的作业。然后再仔细阅读整个案例，边读边在空白处做笔记。你的任务是找出案例中的问题，并提出解决这些问题的建议，案例分析报告应包括以下四个部分：

（1）事实概况 / 案例呈现。在报告开头，综合叙述案例中的事实。文字尽量简洁清晰，最多两段话，不要在这一节中讨论问题或提出解决办法的建议。

（2）分析问题。这部分是最重要的部分，也是报告中最长、最全面的部分。识别问题是解决问题的前提。认识到某件事是一个问题，然后理解问题的本质，是所有管理行动的正确开始。一旦识别和理解了问题，解决方案通常相对容易形成。

（3）提出建议解决问题。接下来，综合运用所学的营销理论、概念、原则及自己的实际经验，进行分析、推理、判断、评估，就如何解决这些问题写下你的“建议”。对于已识别的问题，通常有几种可行的解决方案，把解决方案按优先顺序排列。

（4）说明影响及后果。最后，详细说明你的建议将对案例中的企业或组织的未来产生的影响。换句话说，如果你的建议得到了采纳，那么企业或组织现在和将来必须对其运作方式进行哪些改进，而这对企业的短期和长期发展又将带来什么样的影响和后果。

案例教学法在营销类课程中的运用——致教师

案例教学中的主角是学生，教师只是个“导演”，但要做好包括案例解读、讨论引导、适时发问、场面控制等工作，不是传统教学中教师只需备好教科书的内容就能胜任的。它要求教师必须具备丰富的知识、良好的课堂驾驭能力、丰富的案例教学经验等。从事市场营销案例教学的教师应该是经过良好训练的营销案例研究者。

1）案例教学的前期准备

你应准备详细的教学笔记，笔记中既有案例分析涉及到的营销知识点，也有需要分析的内容、可能讨论的问题，甚至包括板书计划。可由若干名教师组成教学小组，定期开会分析案例，讨论课堂教学过程中的有关环节的设计。

为实施有效的案例教学，你可以提前对照学生的相片尝试记记学生的面孔，了解学生来自哪里、已经受过的教育和工作经历等。每次下课后能准确地回忆并登记每个学生的课堂表现，因为课堂发言的数量和质量是期末成绩的重要组成部分。

案例教学法的运用中应保证课程重点知识体系讲授的比重，不能一味地盲目扩大案例教学的课时，应根据学生对课程知识储备的实际情况来设置或调整课时比例。另外，还要保证教室基础设施。国内的大学教室座位编排强调紧凑有序，但失去了一定的灵活性。案例教学最好的座位编排应以小组为单位，环形而坐，便于小组成员讨论。

2）案例教学的组织与实施

首先，你需要合理组建小组。请注意以下几个问题：

（1）小组的规模。人数是首先要控制的要素，组员过多不利于任务分配，也不利于沟通的充分性，组员过少不利于产生群体思维碰撞。一般建议小组人数控制在3~7人。

（2）小组成员的构成。学生资质参差不齐，个性也千差万别，在分组时应注意差异性结合，起到互补的作用。

（3）小组成员的分工。尽量做到人人参与，每个小组成员都应该承担一定的工作任务，如组长、资料搜集员、报告制作人、汇报人等，并建议小组成员尽可能在每一次工作中承担不同的任务。这些任务之间既有分工又有合作，能够很好地培养学生的团队协作能力。

案例教学对教师的课堂把控技巧要求很高。你需要通过“在恰当的时候、以恰当的方式、对恰当的人、提恰当的问题”来调动所有学生的参与热情，可以使用“你的观点挺有新意”“你是怎么想到的”“你还有什么建议”等话语激励学生。同时，也要注意把握住讨论主题，将重点放在适当的问题上，不露声色地及时叫停学生偏离主题的发言。

你的发言时间应占课堂时间的5%～10%，主要用来提供相关知识和经验，促进和引导学生讨论、总结案例教训。在整个案例教学活动结束之后，你还要抽出一定的时间对整体情况进行归纳总结：对学生在此次教学活动中突出的成果给予充分的肯定，对学生未能做到的不足进行梳理和指导。通过最后的总结环节，会使案例教学的效果得到质的提升。

参考文献

[1] 刘建新，卢厚清．案例教学法的起源、特点与应用研究[J]. 南京工程学院学报（社会科学版），2011, 11（1）：60-64

[2] 陆俊元．案例教学法的本质特征及其适用性分析[J]. 中国职业技术教育，2007（28）：22-24

[3] 王丹，杨荣明．案例教学法在应用型本科市场营销专业课堂教学中的实践与探讨[J]. 教育教学论坛，2018（45）：185-186

1

品牌篇

品牌战略

品牌形象

品牌管理

品牌领袖

品牌战略 · 品牌理念

品牌定位

品牌保护

多品牌战略

品牌调整

1.1 品牌理念案例

TOMSTORY 的品牌理念
——本、和、便、情

在品牌创建过程中，采用何种形式和语言详尽描述品牌特征是品牌定位的一个关键性技术和手段。本案例中的 TOMSTORY 品牌是一个创建于 2002 年的韩国品牌，该品牌通过设立目标消费、品牌理念、品牌关键词、产品包装设计、示范店铺、反映历史与现实着装图片解读、各种常规卖场虚拟设计和推广计划等内容，全方位向品牌的目标合作伙伴和消费群体传达其独特的强势品牌个性和内涵，有效地增强新创品牌的竞争能力。

营销知识点

1）传播理论的修辞情景

在任何场合下，传播行为的设计都基于作者对三个基本设计元素的理解：受众、目的、语境，三元素构成了修辞情景。

2）心理学的格式塔原则

格式塔原则涵盖了很多认知经验。图形—背景对比和编组这两个原则事实上是普遍适用的。……图形—背景对比的格式塔原则是适应特定修辞情景的有力工具，强调和排列策略就是这一原则的体现。……当图形—背景对比把图片从一个区域中突出显示的时候，编组则把它们组织成一个单元和子单元。编组是结构文案各部分（文字、图片、图标、线条、着重号等）的有力武器。编组把这些部分串在一起形成有组织的单元，使读者能够有效地选择文案的各部分。它能产生视觉凝聚力，把各部分黏合在一起。

案例呈现[1]

1）TOMSTORY 品牌定位

创立时间：2002 年

品牌形象：时尚 + 传统的家族休闲装

品牌定位：现代的、舒适的、SPA 家族品牌

目标消费者：男性 23 ~ 24 岁，女性 20 ~ 28 岁，儿童 3 ~ 9 岁

2）TOMSTORY 品牌理念解读

TOMSTORY 品牌理念以本、和、便、情四个关键词表达，其内涵与解读明细详见表 1.1–1。

表 1.1–1 TOMSTORY 品牌理念解读

关键词	内涵	解读明细
本	注重本质的品牌	比起外观更注重本质； 在产品企划方面标榜简约的主题； 在品质、设计、价格上追求适当的平衡
和	注重和谐的品牌	货品与类别之间能相互协调搭配，这是最宝贵的特征； 通过用途广泛的设计，给顾客带来购物时的多种感受
便	感觉舒适的品牌	注重营造令顾客感觉最舒适并提供他们最想要货品的卖场条件； 在商品与服务企划上，能表现出吸引顾客的感觉
情	充满情意的品牌	提供品牌与顾客、销售人员与顾客以及顾客与顾客相逢的场所； 有亲和力的品牌，传达友爱的信息

3）诠释 TOMSTORY 品牌理念的关键元素

TOMSTORY 品牌理念的关键元素包括：

人物形象——健康宝宝

植物元素——绽放的鲜花

文字描述——家族中心

关键元素的图案表述详见图 1.1–1。

1 《星都集团手册》《TOMSTORY 品牌手册》，以及作者的调研资料，调研时间：2002 年 10 月 27 ~ 31 日、2004 年 8 月 20 日；调研地点：韩国星都集团、TOMSTORY 品牌事业部和韩国 TOMSTORY 各大专卖店。

图 1.1-1 TOMSTORY 品牌理念的三大关键元素

4）诠释 TOMSTORY 品牌理念的基本元素

产品包装设计中的商标、织唛、吊牌、手袋和礼盒等全面诠释品牌理念，详见图 1.1–2。

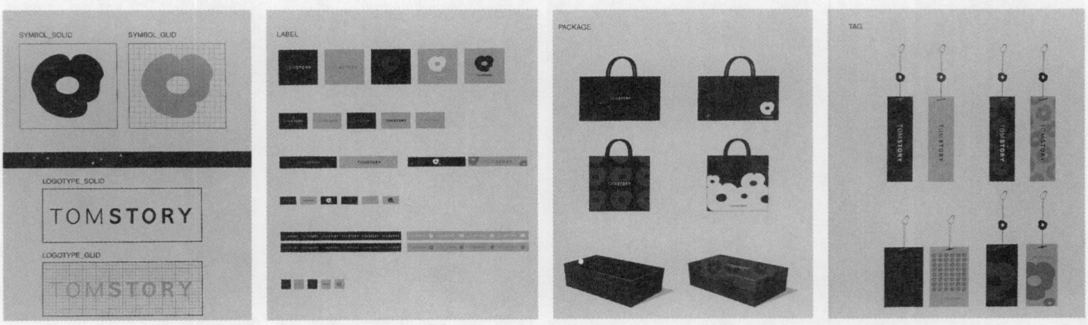

图 1.1-2 TOMSTORY 品牌产品包装设计

5）诠释 TOMSTORY 品牌理念的品牌示范店

品牌示范店是 TOMSTORY 诠释品牌理念实实在在的物理空间，详见图 1.1–3。

图 1.1-3 TOMSTORY 品牌示范店

6）TOMSTORY 品牌理念诠释的品牌个性和文化内涵

通过设计和编辑具有人物戏剧情节的历史与现实图片，为 TOMSTORY 品牌理念的诠释注入品牌个性和文化内涵，详见图 1.1-4。

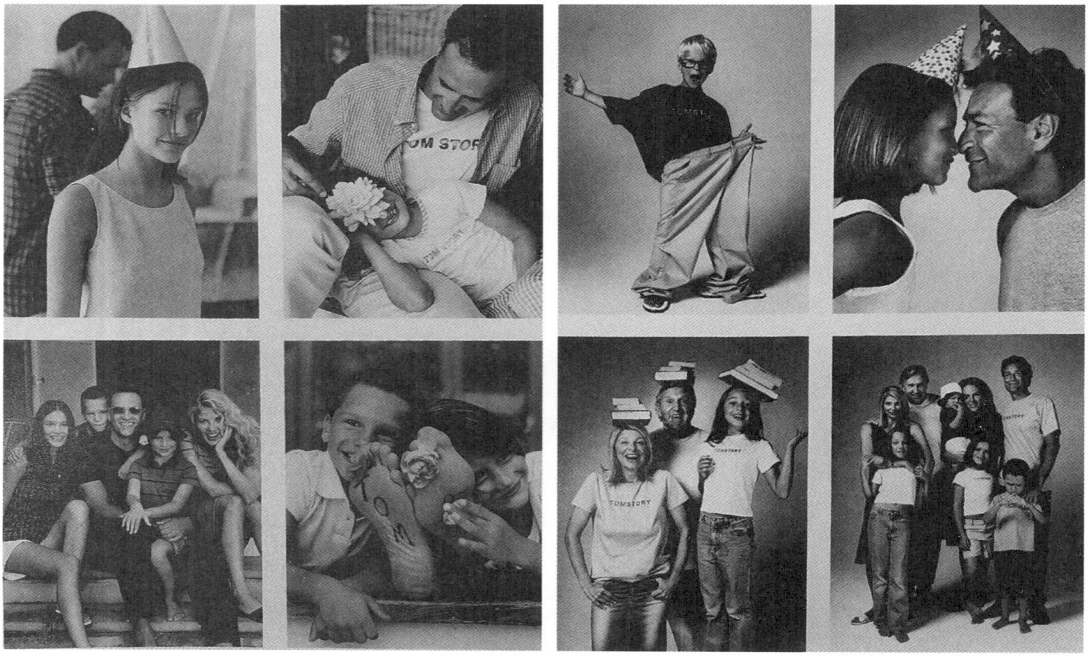

图 1.1-4 TOMSTORY 品牌个性和文化内涵诠释

营销效果

TOMSTORY 品牌理念直接或间接地向目标消费群体传达了菲利普·科特勒所描述的品牌六层含义：属性、利益、价值、文化、个性和使用者。

作为 SPA 型家族品牌，TOMSTORY 给重视自己生活品位、想得到尊重的 21 世纪普通人提供了一个满足其消费需求的品牌和一个高档、舒适的大型商场式购衣场所。

TOMSTORY 是韩国星都集团（SUNGDO GROUP）的第八个品牌，其强化了作为韩国一流服装企业集团的星都旗下之品牌多元化体系，为星都集团带来新的盈利空间。

分析解读

目标消费群、品牌推广与细分市场构成了品牌传播的修辞情景。建立服装品牌的全新理念是品牌企划的前提和基础。TOMSTORY 品牌的本、和、便、情本质反映了其品牌定位的目标，即一大批想得到尊重的 21 世纪普通人的意愿。

品牌理念的构筑与传达的基础是提炼和挖掘品牌核心元素，TOMSTORY 品牌以生动形象、富有感染力和联想性为设计原则，构筑了受众、目的、语境三大关键描述性元素的修辞情景，为品牌诠释注入了个性和文化内涵。

应用格式塔原则，完成商标等系列设计和示范店建设是传达服装品牌理念的有效手段。

参考文献

[1]（美）查尔斯·科斯特尼克．视觉语言设计 [M]．北京：中国人民大学出版社，2005.

1.2 品牌定位案例

后来居上的奢侈品品牌 TOD' S

在奢侈品王国里，传统是最让品牌们骄傲的东西。Hermès、Louis Vuitton、Chanel 品牌在其市场推广和品牌活动中，无不全力传递同一个信息：我们是历史，我们是传奇。TOD' S 在一群“百岁老人”的环视下呱呱坠地，似乎并无遗产、传统可言，但 TOD' S 品牌成功了，成为了低调、优雅、奢华的品牌，它的成功在于其品牌定位及与之相应的营销计划，包括好的品牌名、合适的代言人、满足需求的产品系列、有效的品牌宣传与准确的功能定位。

营销知识点

1）定位要从一个产品开始

那产品可能是一种商品、一项服务、一个机构甚至是一个人，也许就是你自己。但是，定位不是你对产品要做的事。定位是你对预期客户要做的事。换句话说，你要在预期客户的头脑里给产品定位，确保产品在预期客户头脑里占据一个真正有价值的地位。

2）企业发展战略

企业发展战略反映着企业的发展方向和宏观目标，但它仅是一个方向和目标，如果没有营销计划予以具体落实，则势必成为空中楼阁；反之，企业的营销计划如果没贯彻、落实企业发展战略的意图，而自行其是，亦是要碰壁的，这不但可能导致营销计划的“南辕北辙”或运行中的政令不一，而且脱离了企业发展战略的营销计划，势必是无根浮萍，既缺乏根据，又可能丧失方向感和目的性，从而带有很大的盲目性、随意性，无法适应市场经济的发展要求。

案例呈现

第一步是取一个好的品牌名字。TOD' S 诞生于 1986 年，正值意大利人痴迷英国文化之时，TOD' S 在英语中意为机灵的、狐狸的，一个如此俏皮的英国名字，正中意大利人下怀。

其次，要找一个好的品牌代言人。对奢侈品与时尚产品而言，选择代言人不仅意味着选择一张美丽或者英俊的脸，更重要的是选择那张脸所能代表的生活方式、生活态度。当品牌创立者 Della Valle 在杂志上浏览好莱坞明星剧照时，突发灵感，TOD' S 从此与奥黛丽 · 赫本这个名字结下了不解之缘。Della Valle 的推广方式简单而有效：在每一张奥黛丽 · 赫本的照片上，为她穿上一双 TOD' S 鞋。“我希望用一种与现代生活无关的方式来为产品说话，所以我选择了经典的、举世公认优雅而有品位的人，奥黛丽 · 赫本。这个广告一直流行至今。”2011 年，TOD'

图 1.2-1 TOD'S 品牌橱窗

S 特邀好莱坞著名女星安妮·海瑟薇担任形象大使，2017 年，中国艺人刘诗诗出任品牌大使。

在 TOD' S 的产品系列中，大约有半数为经典款式，三成是带有时尚元素却以经典款式为基础的产品，还有两成则是时尚元素的最新体现。这样的产品定位能满足不同消费者的需求，同时减少了因时尚潮流变换引发的产品销售风险。TOD'S 的经典产品包括皮底、胶底、软底的 Moccasins 便鞋，以及 D Bag、Eight Bag 皮包，但其皮质、皮色与鞋底的多种选择，给简单的商品创造出多种变化，著名的“豆豆鞋”就在其中。

20 世纪 80 年代，Della Valle 成功说服菲亚特汽车公司的掌门人 Gianni Agnelli 穿上了他新创的皮鞋，TOD' S 由此打开市场，希拉里·克林顿、戴安娜也都成了它的客户。Della Valle 自豪地说：对于品牌宣传，TOD' S 经常有些新花样。每当有新品推出，Della Valle 都会先进行市场测试，他会把新产品送给一些被誉为时尚偶像的名人——比如请摩纳哥公主卡洛琳试穿，看她是否喜欢，同时也进行了很好的免费宣传。

产品功能是品牌最好的 Logo 。TOD' S 不是一个强调产品 Logo 的公司，这一点也让 DellaValle 引以为豪；同样，TOD' S 也不在乎品牌设计中存在的名师效应。

营销效果

TOD' S 集团成为了意大利最著名的皮具生产商之一，旗下拥有 TOD' S （鞋和皮具）、Hogan（鞋）、Roger Vivier（鞋）、Fay（服饰）品牌，其最主要的业务及利润来源是 TOD' S。比起 Louis Vuitton 这样的百年品牌，TOD' S 品牌显得相当年轻，然而这并不妨碍它成为全球奢侈品行业最受瞩目的骄子之一。

对于新创的时尚和奢侈品牌来说，准确找到自己的定位是成功的首要条件。所谓定位，最直接的说法是细分市场空间。TOD' S 既不是时尚潮流的领导者，也不是传统经典的秉承者，而是以经典风格为基础，兼有时尚元素，重在品质和功能。

正所谓“一招鲜，吃遍天”，当低调奢华成为市场主流的时侯，TOD' S 凭借不强调 Logo 的功能性产品打遍欧洲市场，成为广大中产人士的最爱，同时，不强调 Logo 的另一个好处是能有效防止假冒。

根据 TOD' S 的 2018 上半年度财报披露，TOD' S 在全球共有 285 家零售店和 122 家特许经营店，上半年的营业额达到 2.65 亿欧元。在亚洲市场，奢侈品的消费者偏好炫耀性消费，这使得高调的 Louis Vuitton 在亚洲享受顶礼膜拜。曾有人怀疑：在亚洲，TOD' S 能否风光依旧？结果市场做出了肯定性的回答，2004 年，TOD' S 在亚洲市场的增幅高达 60%，2018 年上半年，大中华区的市场业绩达到 1.153 亿欧元，相比于意大利的 1.384 亿欧元、欧洲（不包括意大利）的 1.267 亿欧元、美洲的 0.403 亿欧元，毫不逊色。

分析解读

无论在奢侈品品牌领域还是在其他领域，后来居上者必定有其独特的优势。TOD' S 品牌在分析市场机会与威胁、优势与劣势的基础上，确立战略层面的品牌定位，制定相应的营销计划，构筑低调奢华的独特品牌优势。

精准的营销计划是实施品牌定位的根本保障。Della Valle 出身于鞋匠世家，他以经典产品 Moccasins 便鞋的优雅、舒适特性在消费者心目中确立了 TOD' S 品牌的地位，同样，提升品牌效应的还有 TOD' S 的经典产品 D Bag 和 Eight Bag。

参考文献

[1]（美）艾·里斯（Al Ries），杰克·特劳特（Jack Trout）. 定位 [M]. 北京：机械工业出版社，2017.

[2] 屈云波 . 营销方法 [M]. 北京：企业管理出版社，2005.

[3] 每日经济新闻 . 巫昕 . 让奥黛丽·赫本穿上 TOD' S 鞋 [OL]. [2005-8-4]. http://news.cnfol.com/050804/101,1608,1374283,01.shtml.

[4] 时尚品牌 资讯 . TOD' S 终结 9 个季度的收入下滑，集团股价猛涨逾 15%[OL]. [2018-8-7].http://www.chinasspp.com/News/Detail/2018-8-7/421747. htm.

1.3 品牌保护案例

LOUIS VUITTON 遗嘱

图 1.3-1 品牌第二代传人乔治·威登

遗嘱是按照法律规定方式对遗嘱人生前遗产或其他事务所作个人处置的法律行为。在国际家族型品牌企业中，利用遗嘱实现初创品牌的代际传承不失为一种富有创造性的有效战略手段。自1854 年创建 LOUIS VUITTON 品牌以来，先后诞生了两份意义非凡的遗嘱。这两份遗嘱分别由品牌创始人路易·威登（1892 年）和第三代掌门人卡斯顿·威登（1967 年）在 LOUIS VUITTON 品牌发展的不同阶段所订立。

营销知识点

1）战略（Stratagem）的含意

2）品牌在营销战略中的地位

具体内容包括：

战略有两层内涵：一是“战争中欺蒙并智胜敌人的计谋或策略”或“为达到某一目的而巧妙策划的诡计或策略”；二是提供政策支持的科学和方法，一门利用有利条件进行政策实施的科学和艺术，带有进行全局性策划和指导之意，也包含局部细节的方案制定或计划设计。

品牌在营销战略中的地位：一是品牌能在动荡变化的世界中提供某种确定性，帮助人们做出日常生活中的很多选择；二是在后工业时代，商标向人们展示的是美丽的画卷和个性化的体验，通过一个符号或单词，引起和传达的却是海洋般丰富的感受和理念。透过广告、新闻、闲聊、情绪、偶然的接触或刻意的研究等的影响，消费者在做各种判断时，绝非仅仅考虑品牌所代表的产品和服务，还要看拥有该品牌的公司、管理品牌的人及这些管理者的动机、决策、举措和来历等诸多因素。

案例呈现

第一份遗嘱诞生于 1892 年。为了能使 LOUIS VUITTON 品牌流芳百世，品牌创始人路易・威登想到了通过订立个人遗嘱的方法，即以法律文件的形式完整地将品牌保留下来，以阻止第二代掌门人路易・威登之子——乔治・威登（图 1.3–1）可能对 LOUIS VUITTON 品牌的修正。

1891 年，当路易・威登公司的互助基金开始启动的时候，路易・威登本人的身体状况越来越差，几乎不能外出。路易・威登开始着手编写由阿尼埃尔基地制作的所有商品的详细目录，这一意义重大的举措成了家庭历史传承的转折点。考虑到这本品牌商品目录带来的商业利益，乔治・威登非常赞同父亲的做法，但是他没有马上注意到这份署名的资料将禁止他今后得到路易・威登的所有发明。路易・威登很仔细地撰写发明的每一个细节，没有忽略涉及的任何技术内容，甚至在法语内容撰写结束前就开始让人翻译成英文。在其中，路易・威登插放了两个公司的广告，因为这两个公司的客户都是 LOUIS VUITTON 的潜在客户（图 1.3–2、

图 1.3–2 LOUIS VUITTON 产品广告

图 1.3-3 安娜·马格纳尼（Anna Magnani）在 1960 年的巴黎之旅中带走了整个舰队，而单件作品经常出现在《时尚》的旅行页面中

图 1.3-3）。他希望把他生命中所有的东西收集起来。这不只是一本品牌商品目录，还是一份遗嘱，更是以他自己的署名对未来的一份声明。品牌商品目录正式问世四周后，路易·威登逝世。

遗嘱效应

在生命的最后时刻，路易·威登完成的不仅是一份简单的配有插图的品牌商品目录，他成功地让他的名字和姓氏留在了未来的每一件行李箱上。每一页上、每一个款式都有路易·威登（LOUIS VUITTON）的名字。未来都在他的控制之下，即使他不在了，开头字母 LV 依旧在那儿替他发言。

路易·威登的品牌遗嘱极大地影响了第三代掌门人卡斯顿·威登对 LOUIS VUITTON 品牌的战略保护，并于 1967 年由卡斯顿·威登订立了该品牌的第二份遗嘱。具体内容：为了确保 LOUIS VUITTON 家族资产的完整性，第三代掌门人卡斯顿·威登采用祖父路易·威登立遗嘱的方法防止 LOUIS VUITTON 品牌总部（阿尼埃尔基地）、品牌旗舰店（巴黎店和尼斯店）和家族不动产可能被子女分家的局面。卡斯顿·威登给其四个子女留下的遗言是如果说家庭的财务管理有四个部分（阿尼埃尔、巴黎、尼斯和不动产），那么请记住这四个部分是不可分的，历史证明，任何一处都不能独自支撑，这是一个统一的整体。在不同的时期，每一部分都有过支撑其他三部分的经历。

一个品牌，两份遗嘱，成就了今天的 LOUIS VUITTON 品牌。这是路易·威登的品牌战略创举，也是卡斯顿·威登的品牌战略传承。值得我们思考的是：

如果没有编制法律文件——品牌商品目录，那么 LOUIS VUITTON 品牌会何去何从？

LOUIS VUITTON 品牌遗嘱的意义和价值是什么?

分析解读

路易·威登创造性地将遗嘱以品牌商品目录的形式给予法律化，所有品牌商品均标上路易·威登的名字，避免了这些商品在未来可能引起的发明归属问题，确立了 LOUIS VUITTON 品牌对消费者的权益保护。

如果没有 LOUIS VUITTON 品牌商品目录以遗嘱形式流传下来，LOUIS VUITTON 品牌就可能因其家族成员在不同时期的经营理念、意志而造成品牌的变异，VUITTON 品牌或其他相关品牌就可能完全替代 LOUIS VUITTON，也就不可能有作为当今国际奢侈品品牌的代表 LV 品牌的存在。

编写 LOUIS VUITTON 品牌商品目录本身是一种商业行为，并得到了其野心勃勃的儿子乔治·威登的大力支持。但是，路易·威登却以品牌商品目录为掩护，成功地将其以遗嘱的形式给予法律化，彻底破灭了其儿子乔治·威登独立门户的梦想，挽救了具有法国皇室背景的 LOUIS VUITTON 品牌。LOUIS VUITTON 品牌商品目录可看作路易·威登对品牌及其价值的深谋远虑，堪称品牌保护的经典。

路易·威登和卡斯顿·威登祖孙两人以其超群智慧和战略格局成功地实现了 LOUIS VUITTON 品牌的薪火相传，为国际品牌发展史谱写了永恒篇章（图 1.3–4）。

图 1.3–4 LOUIS VUITTON 品牌店铺

参考文献

[1] （法）博维希尼．路易·威登———个品牌的神话 [M]. 李爽译，北京：中信出版社，2006.
[2] 万艳敏等．服装营销——战略·设计·运作 [M]. 上海：中国纺织大学出版社，2001.
[3] （美）彼得·德鲁克．21 世纪的管理挑战 [M]. 朱雁斌译，北京：机械工业出版社，2006.
[4] （美）凯文·德劳鲍夫．品牌生存 [M]. 北京：电子工业出版社，2003.

1.4 多品牌战略案例

经济全球化背景下的 Itokin 多品牌战略
—— 一把双刃剑

多品牌战略是企业发展到一定程度后，利用已经创建的一个知名品牌延伸开发多个品牌的战略。本案例中的 Itokin 集团在经济全球化背景下，在中国市场积极推进多品牌战略，经过 10 年的市场历练，最终决定进行多品牌战略调整，在“规模”与“效益”之间寻求平衡。

营销知识点

1）多品牌战略

多品牌战略是指一个企业发展到一定程度后，利用自己创建起来的一个知名品牌延伸开发出多个知名品牌的战略计划，并且多个品牌既相互独立，又存在一定的关联。

2）多品牌战略实施特点

多品牌战略的实施有两个特点：一是不同的品牌针对不同的目标市场；二是品牌的经营具有相对的独立性。

3）多品牌战略有其局限性

· 成本高，需要足够的高质量的品牌管理人才；

· 要有完善的跨部门管理协调体制；

· 要有一定规模的品牌建设资源。

从以上角度来说，多品牌战略只适用于那些具有一定实力的企业。

案例呈现

Itokin 旗下拥有包括女装、男装、童装与饰品的 23 个品牌，具体是 a.v.v、ELLE、OFUON、MICHEL KLEIN、MK MICHEL KLEIN、Sybilla、Jocomomola、TARA JARMON、ecbille、GEORGES RECH、GIANNI LO GIUDICE、CHRISTIAN AUJARD、modulation、HIROKO BIS、HIROKO BIS GRANDE、eur3、CHRISTIAN AUJARD LIBERTE、Maison de CINQ、MK MICHEL KLEIN BAG、MICHEL KLEIN HOMME、MK MICHEL KLEIN homme、EMILIO ROBBA 和 BUYERS SELECT。

Itokin 的经营理念：守商道、重信用，社员团结一致，销售更新更好的商品，为向上的文化生活做贡献。Itokin 预测到了全球化时代的到来，迅速积极地向海外进行了战略扩展，作为国际企业的发展目标，从欧美到亚洲，通过广泛的国际网络推进了世界商业，而且在海外的各分支机构全部实行现地法人制度，充分体现出了作为国际企业的魅力。

1997 年 Itokin 在上海开始设立服装生产基地，开设上海伊都锦商厦，2003 年 3 月商厦又重新进行了装修，经营的品牌约有 45 个，这些服装品牌大多来自日本、法国、意大利、西班牙等世界知名的时装之都，其中 95% 为 Itokin 旗下的品牌（2007 年按 Itokin 官网统计，拥有品牌 41 个）。在其巅峰时期，Itokin 在中国的生产基地和百货商场一度达到 26 家之多，专卖店也遍布各大城市，服装品牌获得良好的增长，特别是其主打品牌 ELLE 服装增长更是喜人（图 1.4–1）。

“通过时装，为提高世界各族人民的文化生活不断做出贡献。”这是 Itokin

图 1.4–1　Itokin 品牌商铺

创业以来从没改变过的企业观念。然而，人们的价值观大大改变了，市场也发生了诸多变化，因此，Itokin 在 2007 年中期开始实行三年企业改革计划。

Itokin 并非专业做百货的公司，在商场定位等方面一直存在着很多不足。它在大连、青岛、天津、哈尔滨四地开设百货商店，占用了大量资金，却没有带来显著效益，这拖累了伊都锦百货事业整体发展。

2007 年 5 月，香港百货零售巨头利福国际集团有限公司宣布出资 7.5 亿元人民币，收购大连、青岛、天津、哈尔滨四个城市的伊都锦商厦，伊都锦在中国内地的零售业务由此开始全面紧缩。

2007 年 9 月，Itokin 的大本营——上海伊都锦商厦易主。上海伊都锦商厦的物业由一家港资企业全面接手，李宁公司则承租了商场的 1 至 6 层和地下 2 层，以经营运动服装、运动器材等商品为主。

多品牌战略调整后，Itokin 旗下品牌以专柜形式入驻商场，且专柜数量比原来缩减，这样的状态又持续了 10 年。2017 年，Itokin 全面退出中国市场。

品牌收缩

2007~2008 年是 Itokin 在中国业务的调整年，2007 年 5 月起，位于大连、青岛、天津、哈尔滨四个城市的伊都锦商厦相继关闭，而南京路步行街上的上海伊都锦商厦是 Itokin 在中国的最后一家商场，该商场的关闭，也标志着伊都锦商厦正式全面退出中国市场。

Itokin 在中国的商厦经营权的大规模转让，并不意味着它将全面撤出内地市场，伊都锦在内地的服装生产基地仍然保留，旗下所经营的品牌如 MK+、a.v.v 等都将继续在其他商场开设专柜以及以专卖店形式继续销售。

分析解读

多品牌战略在成败两条路上的分化绝非偶然，决定性因素在于其灵活性的强弱。何时应扩张地盘，何时应适当收缩？何时该走到台前，何时又该退居幕后？各品牌拥有多大的自主权为好，统一的宣传推广又以何种力度为宜？拿捏好这个火候，企业才不致于变为八爪鱼：看似十八般武艺，一耍起来却把自己缠绕得死死的甚至窒息。没有企业能单靠“坐拥”多少个品牌而成功，最佳战略不但应当是动态的，更应当平衡好“有所为”与“有所不为”。

实施多品牌战略必须灵活地顺应市场的变化和消费者的喜好。客观地分析发现，多品牌战略实施的佼佼者并没有创造什么，只是顺应了产业发展规律：产业发展的过程就是市场不断扩大并且不断被细分的过程。随着技术的进步、消费者价值观的多元化，企业得针对不同消费者的不同需求来开发新产品、新品牌，在定位上需要与原品牌进行刻意区分，这就为多品牌战略奠定了基础。

没有正确地定义市场机会从而正确地管理多个品牌，是 Itokin 耕耘中国市场 10 年却依旧没能破解的迷局：规模、格局、影响力都上去了，只有销售没能随之增长。

参考文献

[1] 百度百科．多品牌战略 [OL]. http://baike.baidu.com/view/1778787.htm.

[2] 伊都锦集团．企业信息 [OL]. [2019-1-30]. http://www.itokin.com.

[3] 品牌世家．Itokin[OL]. [2019-1-30]. http://www.ppsj.com.cn.

1.5 品牌调整案例

Giorgio Armani 的品牌延伸与品牌收缩

企业为了实现其品牌战略目标，常常需要根据内外部环境的变化实施品牌调整，对现有品牌进行一系列品牌资源优化配置，以实现品牌资产的增值，提高品牌竞争力。品牌调整包括品牌延伸和品牌收缩。

本案中的 Giorgio Armani 是崛起于 20 世纪 80 年代、定位高端的意大利服装品牌。然而，90 年代欧美国家普遍经历的经济不景气使得“买得起的时装”备受各阶层消费者的青睐。进入 21 世纪后，虽然西方各国经济有所复苏，但绿色时尚、环境保护、可持续发展理念已深入人心，平素充实的生活方式风行全球。为了应对消费者兴趣的转移和时装大众化的潮流，也为了在扩大市场的同时继续在高端市场获取高额利润，作为服装奢侈品牌的 Giorgio Armani 开始实施品牌延伸战略，其中包括将目标消费群向下扩展的纵向延伸和将产品类别拓展到穿、住、用、戴等各方面的横向延伸（图 1.5–1）。

近几年来，市场竞争形势发生变化，经济增长放缓，消费者购买行为及态度发生整体转变，凡此种种，都给集团经营带来了重重困难和负面影响。Giorgio Armani 集团做出调整品牌战略的决策，实施品牌收缩，试图挽回公司在经营上的颓势。

营销知识点

1）品牌延伸

指将现有产品的品牌名称应用于不同的产品门类中，以推广新产品。品牌延伸是企业在现有客户忠诚度基础上对其所提供产品范围的延伸。客户忠诚度越高，新产品获得成功的可能性越大，从而使得品牌延伸成为一项低风险扩张策略。

图 1.5-1 Giorgio Armani 品牌店铺

2）品牌收缩

指企业通过采取一系列战略措施、手段和方法，对所经营的品牌进行科学的调整配置，对有关的关键要素进行系统性融合、重构、精简和优化，最终以此来创造和增加品牌价值，提高企业竞争力。

案例呈现

1）Giorgio Armani 的品牌延伸

在保持原有设计风格、保证质量的基础上，降低材料及销售成本，以相对低的价格推出多个副线服装品牌，如 Armani Collezioni、Emporio Armani、A|X Armani Exchange、Armani Jeans 等，将目标消费群向下扩展，进行品牌的纵向延伸。

同时，在保持设计风格、理念和品质的一致性前提下，以最大限度地满足目标消费者全方位生活方式的需求为出发点，利用既有高端消费者对 Giorgio Armani 品牌的心理依赖，将产品类别扩展到目标顾客的穿、住、用、戴等各个方面，如香水（Armani Mania for men and Sensi for women）、眼镜、手表、袜类、紧身衣、手机（Giorgio Armani–Samsung）、酒店和度假村（Armani Hotels and Resorts）、珠宝（Emporio Armani Jewellery）、化妆品（Giorgio Armani Cosmetics）、家具及家庭装饰品（Armani Casa）领域，进行品牌的横向延伸。

2）Giorgio Armani 的品牌收缩

2016 年 Giorgio Armani 集团销售和盈利能力下滑，为 2009 年金融危机之后的首次下滑。集团遂宣布了品牌和零售网络重组计划，终止 Armani Collezioni

和 Armani Jeans 两个子品牌。从 2018 年春季开始，Armani Collezioni 和 Armani Jeans 分别合并到 Emporio Armani（该品牌融合正式、休闲和运动等不同场合服装和配饰）与 A|X Armani Exchange（该品牌是拥有 Armani 风格的街头服装品牌），现在该集团只剩高端的 Giorgio Armani、中档的 Emporio Armani 及定价最低的 A|X Armani Exchange 三大品牌，其中 Giorgio Armani 同时包含同名成衣产品线、高级定制产品线 Giorgio Armani Privé 以及室内设计品牌 Armani Casa。

为了加强宣传，集团在 Facebook、Instagram 和 Twitter 三大社交媒体平台为 Giorgio Armani、Emporio Armani 和 A|X Armani Exchange 分别开设账户。

调整后果

在 Giorgio Armani 实施品牌延伸战略的近二十年，公司的增长势头强劲，2006 年集团旗下各品牌、各产品品类、各地理区域均表现不俗，零售总额超过 50 亿欧元，批发总额达 20.64 亿欧元，可谓达到辉煌的顶点。集团多年来坚持的多品牌经营战略为营业额和利润的逐年递增打下了坚实基础。Giorgio Armani 集团被《经济学家》杂志称为“奢侈品领域品牌延伸的先锋”。

然而，近些年来，集团业务表现不尽如人意。集团痛下决心，进行品牌调整，实施品牌收缩，只保留三个分属高、中、低档次的品牌。重组导致净收入暂时性逐步下跌，2015 至 2017 年的收入分别为 26.5 亿欧元、25.1 亿欧元、23.3 亿欧元，盈利也随之收缩。尽管如此，按收入计，Giorgio Armani 集团还是仅次于年收入 33.5 亿欧元的 Prada 集团的意大利第二大奢侈品集团（注：不包含法国奢侈品集团开云集团旗下意大利品牌古驰 Gucci）。

虽然未来还是充满不确定性，但品牌收缩战略无疑为 Giorgio Armani 集团进入新的发展阶段打开了通道。

值得我们思考的是，品牌延伸在初期为 Giorgio Armani 集团的品牌资产增值开辟了捷径，集团看似繁杂的品牌延伸有何内在逻辑联系？

品牌延伸的佳绩为何没能保持住？为什么现在需要品牌收缩？品牌收缩的作用和意义是什么？

分析解读

Giorgio Armani 集团的品牌延伸战略包括纵向和横向两大类。纵向延伸指的是同一产品大类的细分市场的跨越：核心品牌（Giorgio Armani）的知名度集中在流行传播中位于高层的目标消费群，利用时尚的向下传递，以相对较低的价位将产品延续到相邻的社会群落。横向延伸指的是针对同一细分市场的产品大类的拓展：消费者对自己喜爱的品牌爱屋及乌，在生活中喜欢优先使用心爱品牌的多种产品，通过品牌来传达其生活方式，实现身份识别功能。

品牌延伸的佳绩没能保持住，有多方面的原因。首先是产品质量问题，除了核心品牌 Giorgio Armani 主要在意大利本国生产外，旗下副线品牌在第三世界国家生产，制作水平与一线品牌相差很远。这无疑稀释了 Giorgio Armani 作为奢侈品牌的吸引力，疏远了高端消费者，而日趋成熟的中低端消费者也在追求名牌的同时，更加关注产品本身的品质。同时，市场竞争形势也发生了变化。最近十年，Giorgio Armani 在中档市场面对来自 Sandro、Maje、Pinko 和 Liu Jo 等轻奢品牌越来越激烈的竞争，而新一代消费者追求个性化，品牌忠诚度低。宏观层面上，世界主要经济体经济增长放缓，凡此种种，使得品牌延伸战略不再奏效。

品牌收缩战略通过精简产品品牌数量，着力培育旗帜品牌，发挥品牌间的协同作用，提高品牌竞争力，实现品牌战略目标。

参考文献

[1] 林璧莹．Giorgio Armani 集团 2017 年业绩继续倒退，预计重组后 2020 年才恢复增长 [OL].（2018-8-3）[2019-3-11]. http://www.nofashion.cn/a/1533239679371.html.

[1] 胡旺盛，高晓燕．企业并购品牌整合对品牌资产的影响 [J]. 商业研究，2010（7）.

品牌形象

- 品牌故事
- 品牌标志
- 社会责任

1.6 品牌故事案例

GUCCI 杜撰一个奢侈品牌神话

故事是人类的一种记忆行为。讲述故事就是讲述自身的光辉历史。它是一种最感性、最生动、最有效的沟通。传奇的品牌故事就是塑造其社会性格的传奇开端。通过广为传播和集体记忆，有助于在目标消费人群间认同品牌的文化基因、价值理念和生活态度。因此，每一个品牌建设都致力于传奇故事的打造，它是品牌参与市场竞争的有效武器。GUCCI 品牌就是一个范例（图 1.6–1）。

品牌传奇故事的包装是有方法的。劳伦斯 · 维森特在《传奇品牌——诠释叙事魅力，打

图 1.6-1 Gucci 品牌店铺

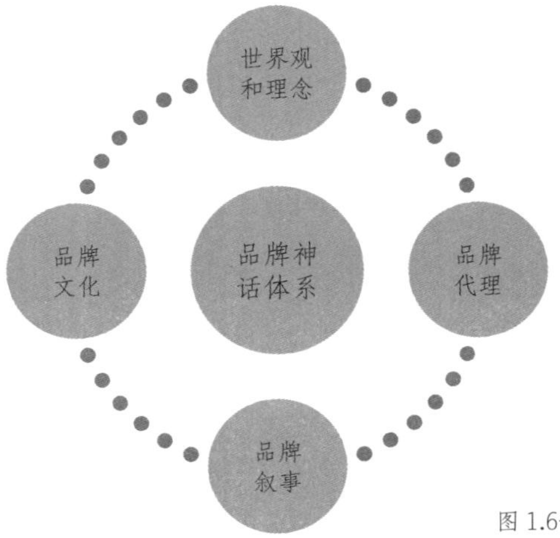

图 1.6-2 传奇故事包装的品牌神话体系示意图

造致胜市场战略》中写道："传奇品牌与普通品牌之间存在着根本性差异。"传奇品牌通常演绎一种品牌神话，而普通品牌则没有。品牌神话利用品牌叙事传达一种世界观，一种超越商品使用功能和认知产品特征的神圣信念（图 1.6-2）。劳伦斯·维森特发现：品牌群体所怀有的信念通常依附于某种物质实体，该实体能够证明信念是正确的，并使得信念体系在以下几方面有效：

（1）被传递给下一代；

（2）确保品牌群体设计原则的正确性；

（3）否定威胁该团体文化的竞争团体的信念。

劳伦斯·维森特认为：在我们的思想接受信念作为行为指导之前，我们需要某种切实的证据。证据常以代言的形式出现。代言是证明世界观合理的现实证据。代言不一定是人，尽管人是最具说服力的代言。只要是具体的有形的事物，就可作为代言。作为品牌神话的最核心元素，品牌叙事使一种世界观和相应的物质实体发生了联系，并成为品牌创建过程中具有非凡影响力的工具。其中，特定的品牌仪式和品牌标志物是赋予传奇品牌无穷魔力的致胜法宝。

品牌传奇故事的关键是建立品牌神话体系，通常可以按图 1.6-2 表达。

案例回顾

（1）GUCCI 品牌第二代掌门人艾度有一个座右铭：价格会随时间谈忘，但品质永驻人心。为了体现 GUCCI 品牌的传奇，艾度将他的座右铭用烫金字铸成猪皮匾额并悬挂在 GUCCI 店内。

（2）艾度所提倡的 GUCCI 品牌理念——产品风格与色彩和谐将使产品与 GUCCI 品牌实现良好的交融。借助马具为 GUCCI 产品提供了源源不断的设计灵感。马鞍上的双缝线、固定马鞍用的绿红绿帆布饰带，以及源于马镫与马嚼子的马衔铁设计，都成为 GUCCI 重要的商业标志。同时，艾度充分发挥其商业天赋，编造出古奇家族自中世纪就是宫廷御用的专业马鞍制造商的传说——这一形象更有助于取悦和吸引上流社会人士。店面里陈列的马鞍和马术用品使得这一传说更加生动，有些样品甚至还被买走。直到今天，古奇家族和老员工们仍会说 GUCCI 很久以前就是专业的马具商。

（3）1987 年，葛玛达（GUCCI 的创始人古奇欧·古奇的大女儿）曾向媒体表示："我要澄清一个事实，古奇家族从来没有制作过马具。我们是来自佛罗伦萨圣明尼亚托区的古奇家族。"根据佛罗伦萨的家族史记载，古奇家族早在1224年就相当显赫，先后出过多位律师和公证人。不过时尚史学家菲欧伦蒂尼认为这一根据也站不住脚，至少是经过某种程度的修饰。古奇家族的纹饰是金色的旗帜上有一个蓝色的舵轮与一朵玫瑰，背景是垂直的红蓝银三色条纹。罗贝托（GUCCI 第三代掌门人）曾斥巨资研究家族纹章，并将象征着诗意与领导力的玫瑰与舵轮设计为公司商标。而 GUCCI 最早的商标是一手提着行李箱、一手挎着手袋的服务生。随着 GUCCI 不断成功，身披盔甲的骑士取代了卑微的服务生。

不管 GUCCI 品牌神话真实与否，其所杜撰的品牌传奇故事已被奢侈品消费者所接受。

故事效应

1921 年，古奇欧·古奇在佛罗伦萨维尼亚努奥巴创立第一家古奇欧·古奇皮箱店（Valigeria Guccio Gucci）。产品来源主要以采购为主，辅以少量定制。在传奇的品牌故事和时尚的创意产品驱动下，经过 30 余年不懈努力，GUCCI 品牌杜撰了奢侈品牌神话，更重要的是依此神话来引领其品牌经营，终于成为全球消费者心目中品位、身份和地位的象征。

作为一个品牌故事的经典案例，我们将通过分析解读来回答以下三个问题：

（1）为什么要为 GUCCI 编造一个中世纪宫廷御用专业马鞍制造商的传说？

（2）为什么又要重新证实古奇家族显赫历史和独特家族纹章？

（3）究竟应该如何打造传奇品牌？

分析解读

假设GUCCI品牌坚持采用最早的一手提着行李箱，一手挎着手袋的服务生形象商标作为品牌的全球推广标志，那么GUCCI品牌是否能成长为国际顶尖时尚奢侈品牌将是一个巨大问号。

理由很简单，奢侈品消费者需要的品牌是高贵的形象、精致的工艺和辉煌的历史。

我们的解读是：为了顺应这种消费需求，GUCCI品牌自觉地采用传奇品牌神话体系的包装手法。主要包括：

（1）店内悬挂“价格会随时间淡忘，但品质永驻人心”的猪皮烫金字匾额；

（2）成功编造古奇家族是中世纪宫廷御用专业马鞍制造商的传说；

（3）采用马鞍和马术用品作为店内的重要标志物；

（4）巨资研究家族纹章，并将象征着诗意与领导力的玫瑰与舵轮设计为公司商标；

（5）品牌商标从提着行李箱、挎着手袋的卑微侍从，转型为身披盔甲的高贵骑士代言。

参考文献

[1]（美）弗登．古奇王朝——世界上最时尚家族的情感、势力与脆弱[M].辛艳译，北京：中信出版社，2005.
[2]（美）曼昆．经济学原理[M].北京：机械工业出版社，2003.
[3]（美）劳伦斯·维森特．传奇品牌——诠释叙事魅力，打造致胜市场战略[M].钱勇，张超群译，杭州：浙江人民出版社，2004.

1.7 品牌标志案例

C&A 品牌 Logo 设计的演变

品牌 Logo 即品牌标志，是指品牌中可以被认出、易于记忆但不能用言语称谓的部分，包括符号、图案或明显的色彩或字体，又称“品标”。品牌标志与品牌名称都是构成完整的品牌概念的要素。

很多著名品牌的 Logo 其实早期都不是我们现在看到的样子，有些历史跨越几十年甚至上百年的品牌在发展中会多次调整或者更换 Logo，而对 Logo 进行“微调”更是常见的事情。本案例考察 C&A 品牌 Logo 形象演变与品牌定位、市场拓展的关系。

营销知识点

1）企业识别系统（Corporate Identity System，简称 CIS）

该系统主要由理念识别（Mind Identity，简称 MI）、行为识别（Behavior Identity，简称 BI）、视觉识别（Visual Identity，简称 VI）三个部分构成。这些要素相互联系、相互作用、有机配合，将企业经营理念与精神文化传达给企业内部和社会大众，使其对企业及旗下品牌产生一致的价值认同感和凝聚力。

2）品牌形象的视觉识别

人们所感知的外部信息，有 83% 是通过视觉通道到达人们心智的。也就是说，视觉是人们接受外部信息的最重要和最主要的通道。品牌形象的视觉识别（VI）是最外在、最直接、最具有传播力和感染力的，对推动产品进入市场起着直接的作用。VI 通过标准化、规范化的形式语言和系统化的视觉符号，塑造品牌形象，突出品牌定位。品牌 VI 系统通常分为基础系统和应用系统，其中基础系统是核心部分，从根本上规范了品牌形象的视觉基本要素，包括品牌名称、品牌标志

（Logo）、中英文字体字形、标准色彩、象征图案、组合应用和品牌标语口号等。在品牌经营中，品牌形象必须与品牌定位保持高度一致。品牌再定位后，如本案例中的品牌经营覆盖的市场范围发生变化，品牌形象应随之调整。

案例呈现

C&A 是著名欧洲时装连锁品牌，于 1841 年由 Clemens 和 August 兄弟俩在荷兰创建，以提供时尚新颖、紧随时代潮流且物美价廉的时装及配饰而闻名。其发展经历了三个阶段：

第一阶段，1841~1910 年，主要在荷兰发展，取得巨大成功；

第二阶段，1911~1947 年，在欧洲进行业务扩张，主要在德国和英国开店；

第三阶段，1948 年至今，全球性业务拓展，在欧洲、拉丁美洲和亚洲的 21 个国家拥有近 2000 家 C&A 服饰连锁店，同时还经营线上零售业务。员工总数超过 6 万名。

C&A 品牌在各个阶段的发展中，品牌 Logo 发生了多次变化，这种变化与品牌在拓展市场方面的时间呈现出对应关系。

LOGO 演变

1）C&A 的 Logo 演变

1841 年始品牌建立之初的 70 年间，也就是品牌发展的第一阶段，主要在荷兰本土拓展。Logo 由一个正圆形与品牌名组合而成，黑白双色，黑底白字。在名字主体“C. en A.”下方有创始人的家族姓氏“Brenninkmeijer”以及品牌在荷兰境内开展有经营业务的四个城市的名字，文字较多，细节繁复见（图 1.7–1）。

2）品牌发展的第二阶段

第二阶段主攻德国与英国市场。1911 年进军德国市场，在柏林开设了德国的第一家零售店。其后的第二、第三年（即 1912、1913 年）分别对 Logo 做了改动。1912 年版的 Logo 中除去了荷兰元素，包括：去掉四个荷兰城市名，“C. en A.”改为“C&A”，按德语习惯将创始人家族姓氏拼写成“BRENNINKMEYER”，并在其后加上德文缩写“GMBH”（即“有限公司”）。由于去掉了原来占据正圆形下方的四个城市名，这个版本的 Logo 设计显得圆形中的文字横向较充实，纵向较疏松。1913 年版的 Logo 对此做出改进，把正圆形改成了椭圆形，同时还把主品牌名“C&A”由斜体改为正体，与德国人稳重严谨的作风相吻合。1922

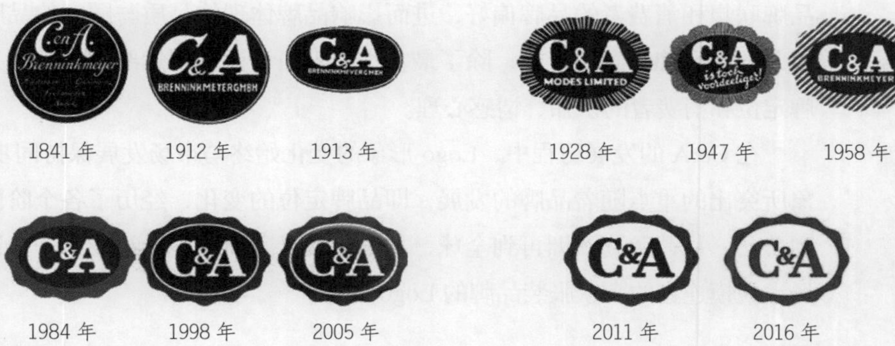

图 1.7-1 C&A 的 Logo 演变

年进军英国市场，开设了品牌在英国的第一家零售店。六年后（1928 年），对 Logo 进行了再设计，再设计的元素有外形、字体、风格，并将家族名称改为了公司名称，用英语替代了德语，着力打造品牌的国际形象。

3）品牌进行全球化拓展的第三阶段

在第三阶段，Logo 进行了七次再设计，时间分别在 1947、1958、1984、1998、2005、2011 和 2016 年。其中，1958 年版的 Logo 注入了新鲜的蓝色和红色，椭圆形的蓝色底纹衬托着白色的商标文字，由一圈红白相间的阴影组成的波浪边框围起来，形成经典的椭圆标识。1984 年版的 Logo 文字部分仅保留了“C&A”，波浪围边由红白相间变为红色。此后四次的再设计均为微调，整体上保留了红白蓝三色作为品牌标识色，从蓝底白字红边（1984 年湛蓝改为湖蓝，1998 年湖蓝改为深蓝，2005 年改为立体效果）变为白底蓝字红边（2011 年），再到白底红字红边（2016 年）。总体来说，在这七次再设计中，Logo 的外形、字体保持了稳定，色彩从黑白变为彩色（红白蓝三色），再简化为双色，公司名称及相关的文字最终从 Logo 中去掉，风格更加简练，与国际化的定位更加吻合。

分析解读

品牌标志是一种“视觉语言”。它通过一定的图案、颜色来向消费者传输某种信息，以达到识别品牌、促进销售的目的。品牌标志自身能够创造品牌认知、品牌联想和消费者的品牌偏好，进而影响品牌体现的品质与顾客的品牌忠诚度。因此，在品牌标志设计中，除了最基本的平面设计和创意要求外，还必须考虑品牌定位和消费者的认知、情感心理。

在 C&A 的发展历程中，Logo 形象的变化始终与市场发展保持同步。Logo 形象所突出的重点随着品牌的发展，即品牌定位的变化，经历了各个阶段，从家族到公司，从荷兰到欧洲再到全球，从细节繁复到简约，最终成为一个适合全球市场大规模连锁的大众服装品牌的 Logo 标志。

参考文献

[1] 龚正伟，张璇，刘海荣．企业形象（CI）设计（第 2 版）[M]. 北京：清华大学出版社，2016.

[2] 品牌所属集团官网 [OL]. [2019-03-20]. http://www.cofraholding.com.

[3] 标志 VI 设计的博客．著名欧洲时装零售品牌 C&A 微调 Logo [OL].（2016-11-24） [2019-3-23].http://blog.sina.com.cn/s/blog_e7c807cc0102x742.html.

[4] Weii. 全球著名时装零售品牌 C&A 更换新 Logo [OL].（2011-4-24） [2019-3-23]. https://www.logonews.cn/851.html.

1.8 社会责任案例

ECCO 将社会责任与企业利益完美结合

丹麦著名企业 ECCO 鞋业控制着包括鞣革厂、制鞋厂、销售分公司、零售店在内的从生皮到成品鞋的整个价值链，其工厂遍及丹麦、葡萄牙、印度尼西亚、斯洛伐克、泰国、中国等世界各地（图 1.8–1、图 1.8–2）。在环保呼声日益高涨、企业社会责任成为热门话题的今天，制鞋业由于其特定工艺在制作过程中不可避免地使用对环境有影响的化学物质而备受关注。ECCO 鞋业通过尽量减少并重新利用鞣革和制鞋过程中产生的废料，把对环境的影响减少到最小程度，完美地将社会责任与企业利益相结合。同时，积极倡导健康的生活方式，并与社会公益活动结合起来，展现出负责任的企业形象。

营销知识点

1）企业社会责任（Corporate Social Responsibility，简称 CSR）的概念

企业社会责任是指企业在提高本身利润的同时，对保护和增加社会福利方面承担的责任。企业的社会责任是企业除经济责任、法律责任之外的第三种责任，它是企业在社会领域内对自身行为后果的回应义务。

2）企业社会责任的内涵

企业在创造利润、对股东利益负责的同时，还要承担对员工、消费者、社区和环境的社会责任，包括遵守商业道德、保障生产安全和职业健康、保护劳动者的合法权益、保护环境、支持慈善事业、捐助社会公益、保护弱势群体等。

图 1.8–1 ECCO 品牌产品

案例呈现

1）巧用生物燃料

从动物身上取皮时，会黏连着带下一部分肉。这部分肉包括 15% 的脂肪、30% 的蛋白质、55% 的污水，可能占到生皮总重量的 20%，却是制革过程中不需要的废料，还需占用企业资源来处置它。ECCO 鞋业鞣革部门的研发中心为此专门开发出一种新技术，妥善解决了这种废料的处置问题。他们在印度尼西亚的鞣革厂建了一个“生物燃料”车间，在这个车间里，脂肪从动物蛋白和污水中被分离出来，经纯化后就可作为生物燃料，用于特别改装过的锅炉，为鞣革过程提供热水。

这样，生物燃料取代了柴油，也因此避免了燃烧柴油产生大量的二氧化碳，积极响应了由于气候变暖而引发的关于“减少使用化石燃料”的呼吁。不仅如此，实施这项技术还使垃圾填埋量减少了一半。

现在，为了进一步探讨重新利用蛋白质的可能性，ECCO 鞋业还与德国的高校进行科研合作，试图将它们转化为生物塑料。ECCO 的另一个设想是，将它们用作混合肥料。无论最后采用哪一种方法，都可以大大减少垃圾填埋量。

2）“行走，是种乐趣”

ECCO 的创始人卡尔·图斯比（Karl Toosbuy）认为，步行者应该像跑步者一样拥有自己的马拉松，ECCO 的“步行马拉松（Walkathon）”应运而生。如今，它已成为一个分布全球的人道主义活动，让人们靠行走来爱心募款。

这一活动自 1999 年在丹麦首都哥本哈根首次举行以来，已在世界各地数个城市举办过，包括丹麦的奥尔胡斯，挪威的奥斯陆，瑞典的斯德哥尔摩，荷兰的阿姆斯特丹，德国的柏林，波兰的华沙，美国的旧金山和日本的京都、札幌、横滨、东京，中国的上海等，参与者走过的路程相当于绕地球 45 圈。仅 2006 年一年，就有四万人参与该活动，并筹得 280 万丹麦克朗，筹款用于包括联合国儿童基金会为孟加拉国的童工们专门设立的“学校计划”等多个公益项目。2007 年的 ECCO 亚洲步行马拉松是在上海的中山公园揭开了序幕。2018 年，在丹麦举办了第 19 届步行马拉松，参与者每步行一公里，将有 7.5 丹麦克朗捐献给丹麦心脏协会（The Danish Heart Association）或 SOS 儿童村（SOS Children's Village）。

图 1.8-2 ECCO 品牌商铺

双重效益

ECCO 鞋业完美地将社会责任和企业利益相结合，取得了社会和企业经济的双重效益。采用新技术后，每个月有 8000 升柴油被生物燃料取代。这意味着每个月的二氧化碳排放量减少了 22 吨，降低了对环境的影响。另外，在废料处理中，ECCO 将“生物燃料”技术向社会推广，逐渐为自己开辟了一个新的收入来源。

ECCO 的步行马拉松多年来筹集到的善款帮助多国（包括孟加拉国、印度尼西亚等）失学儿童获得基础教育，让这些儿童学到了最基本的技能，树立了自尊心。还帮助生活在贫民窟的非洲儿童改善生活条件，获得清洁的洗浴及卫生设施。

今天的 ECCO 在全球 90 个国家的 2200 家专卖店及 14000 多家综合零售店有售。人们可以在世界上的任何角落——从北美的阿拉斯加到南亚岛国印度尼西亚——买到适合的 ECCO 鞋。世界各地的人们都喜爱重量轻、柔韧性好、根据人体解剖学设计的 ECCO 产品，也喜爱 ECCO 公司健康向上、负责任的企业形象。

值得我们思考的是，ECCO 如何将承担社会责任和追求企业利益统一起来，在承担社会责任的同时，巧妙地降低生产能耗，提升企业品牌形象？

分析解读

要使企业能够长期持续地承担社会责任，就必须将社会责任转化为企业的竞争力，而不是企业的累赘。能源消耗和废料处理是鞣革制鞋业的两大软肋，ECCO 通过科技研发，成功地将废料转化为能源来加以利用，实现了企业利益和环境保护的统一。

有别于专业运动鞋在跑、跳等激烈运动项目上的出色表现，ECCO 鞋的特点是柔软、轻盈，特别适合长途步行。而步行代表着健康的生活方式，支持环保的生活态度。之前已有通过（跑步）马拉松进行公益筹款的先例，ECCO 结合自身的产品特点，创立“步行马拉松”公益活动，传播“行走，是种乐趣”的品牌理念，而这个乐趣，既包含个人健身的乐趣，也包含帮助他人的乐趣。在做公益的同时，以非常自然而不突兀的方式宣传了自己的产品。

中国是全球最大的鞋业生产国和出口国，但是在国外，中国鞋之所以受青睐多数是与其廉价相关联的。随着中国经济发展、劳动力成本的上升，世界制鞋业重心出现了向劳动力成本更低廉国家转移的趋势。我国制鞋企业应清楚地认识到依靠单一成本优势的脆弱性，善于将社会责任转化为促进企业发展的动力，只有怀着对周遭环境和社会弱势群体的真切关怀，真正开动脑筋，才能既造福社会，又使企业的品牌形象生动丰满，实现企业与社会的可持续发展。

参考文献

[1] 王霁，孙科炎．实用管理学基础 [M]. 北京：中国人民大学出版社，2018.

[2] 李立清，李燕凌．企业社会责任研究 [M]. 北京：人民出版社，2005.

[3] ECCO 集团官网 [OL].[2019-2-28]. https://group.ecco.com/.

品牌管理 · 品牌资产

品牌商标

现代物流

1.9 品牌资产案例

GUCCI股权争夺三部曲

股权，股东的权利。通常，股东在企业中的投资份额（即股权比例）将直接影响股东对企业的话语权和控制权，也是股东分红比例的依据。

伴随着品牌的成长，企业将面临着越来越复杂的外部性问题——市场竞争。解决企业外部性问题的有效方法是改造股权结构。站在品牌资产视角，审视百年的GUCCI品牌发展历程就是一部血雨腥风的股权争夺史。在股权争夺中，没有亲情和友谊，只有利益和合作。

营销知识点

营销管理的本质并不是营造一个根本没有问题的企业营销环境，而是引导企业进入盛年，这样做的过程中，实际上把一类问题转化成了另一类问题，这样企业才能成长并成熟起来。改变企业的股权结构是企业成长最直接有效的方法。

明确企业产权以解决企业外部性问题的重要观点——科斯定理。科斯定理由英国经济学家罗纳德·科斯（Ronald Coase）提出，该定律揭示并澄清经济制度结构和函数中交易费用和产权的重要性，从而使罗纳德·科斯获得1991年诺贝尔经济学奖。科斯定理的基本内容：在某些条件下，经济的外部性或者说非效率可以通过当事人的谈判而得到纠正，从而达到社会效益最大化。这一定理表明，市场的真谛不是价格，而是产权。只要有了产权，人们自然会“议出”合理的价格来。科斯定理的两个前提条件（即：产权和交易成本）各有所指。最根本的是明确产权对减少交易成本的决定性作用。如果产权不明确，则会导致扯皮，其后果意味着交易成本无穷大，任何交易都将无法实现。如果产权明确，即使存在交易成本，人们可以通过交易来解决问题或有效选择使成本最小化的交易方式。

案例呈现

GUCCI 品牌自 1921 年创建以来，主要经历了家族控股、联合控股和机构控股三大阶段。

在家族控股阶段，GUCCI 品牌主要由三个发展时期组成，即创业期、扩张期和重组期。三个发展时期的股权结构和代表性经营事件参见表 1.9–1、表 1.9–2 和表 1.9–3。

表 1.9–1 1921~1953 年创业期的 GUCCI 品牌股权结构和代表性经营事件一览表

股权结构	代表性经营事件
第一代掌门人完全控股	1921 年，古奇欧·古奇在佛罗伦萨维尼亚努奥巴创立第一家古奇欧·古奇皮箱店
	1922 年，公司更名为古奇欧·古奇独资公司
	1923 年，完成 GUCCI 品牌登记注册
	1924 年，古奇欧·古奇唯一的女儿葛玛达之夫乔凡拿出自己的积蓄资助古奇，从而将古奇事业从濒临破产的危险境地拉回

表 1.9–2 1953~1974 年扩张期的 GUCCI 品牌股权结构和代表性经营事件一览表

股权结构	代表性经营事件
第二代继承人均衡控股	1953 年 11 月，第一代掌门人古奇欧·古奇因心脏病突发去世。在财产分配上，他将自己惟一的女儿葛玛达排除在外，理由仅仅是她是一个女人，从而导致了第一次家庭裂痕。GUCCI 品牌由艾度、法斯卡和罗多佛平均控股
	为了筹措更多的扩张资金，艾度在 1971 年召开董事会，要求大家重新审视父亲古奇欧定下的主要经营原则，公司所有权究竟是否必须由古奇家庭牢牢掌控。在 2 比 1 的表决结果下，不仅艾度的计划全无可能实现，而且还决定至少 100 年内不允许向外出售股权
	1972 年，古奇香水国际有限公司（Gucci Perfume International Limited）诞生。不过对艾度来说，借助新成立的香水公司，他可以吸引三个儿子更多地参与到家族事业的管理中来

表 1.9-3　1974~1983 年重组期的 GUCCI 品牌股权结构和代表性经营事件一览表

股权结构	代表性经营事件
第二、三代继承人联合控股	1974 年 5 月 31 日，法斯卡死于肺癌。根据意大利遗产法规定，由于法斯卡没有子嗣，因此他名下的股权应由妻子玛利亚全部继承。为了保持古奇的家族所有权，艾度和罗多佛提议改用现金替代股票，令他们欣慰的是，玛利亚同意了。这样，艾度和罗多佛成为 GUCCI 王朝的控股股东，两人势均力敌，各持有一半股权
	当时，罗多佛正因为莫里吉奥（其独生子）的大胆反叛咬牙切齿，威胁要剥夺他的继承权。艾度却认为该放手让三个儿子加入古奇家族的管理决策中来了，于是他拿出 10% 的股权，平分给三个儿子。这样，乔吉欧、宝洛和罗贝托就各拥有 3.3% 的股权。身为父亲，艾度的确慷慨而公正，但他却忽略了一点：他的任何一个儿子和罗多佛联合起来，都将拥有 53.3% 的股权，意味着在董事会议中拥有压倒性优势
	1975 年，艾度对踯躅不前的香水公司进行重组，并授权香水界前辈万宁（Mennen）负责 GUCCI 香水的开发和销售。重组后的香水公司所有权由艾度、罗多佛以及艾度的三个儿子平分，每人占有 20% 的股份
	1980 年，在德·索尔的协助下，罗多佛制定出一套把香水公司并入母公司的方案
	1981 年，艾度和罗多佛兄弟俩彻底调整了 GUCCI 王朝的结构：将古奇欧·古奇母公司和包括香水公司在内的所有姊妹公司合并为古奇欧·古奇集团（Guccio Gucci SPA），并在米兰上市。艾度的三个儿子各取得 11% 的股份，艾度则占股 17%
	1983 年 5 月 14 日，罗多佛去世。莫里吉奥继承了罗多佛全部遗产。艾度知道弟弟的死会打破 GUCCI 王朝一直遵循的权力划分原则：第一，公司必须由家族成员掌控，只有家族成员有权决定公司发展方向；第二，他们将公司业务分为两大块——艾度负责 GUCCI 美国公司和零售网络，而罗多佛主管古奇欧·古奇公司和意大利生产

在联合控股阶段，GUCCI 品牌主要经历了并购期。并购期的股权结构和代表性经营事件参见表 1.9–4。

表 1.9-4 1983~1989 年并购期的 GUCCI 品牌股权结构和代表性经营事件一览表

股权结构	代表性经营事件
古奇家族成员与第三方联合控股	莫里吉奥提出了将 GUCCI 公司发展为全球奢侈品集团的新愿景：专业化的国际管理模式，高效快捷的设计、生产、销售流程，成熟完备的营销战术
	1984 年 6 月 18 日，莫里吉奥与宝洛在日内瓦会面，商讨 GUCCI 股份转让等合作事宜。同年 10 月 31 日，古奇家族成员在纽约签约。11 月 29 日佛罗伦萨股东会上通过决议。七席股东中，莫里吉奥占有四席，并被提名为古奇欧 · 古奇公司董事长
	1985 年 6 月，伯父艾度和堂兄们搜集详细文件，并把证人签名的重要证据送交当局，指控莫里吉奥为了避税，涉嫌在股票转让书上伪造父亲签名。1985 年 9 月 8 日，案情尚未明朗之前，米兰法院暂时扣押了莫里吉奥持有的 50% 公司股权。在律师积极协助下，9 月 24 日法院暂时解除对莫里吉奥的股权扣押
	1985 年 12 月 18 日，艾度与两个儿子秘密签署协议，将他在古奇欧 · 古奇剩余 40% 的股份转让给乔吉欧和罗贝托
	1987 年 6 月 23 日，米兰法官签发逮捕令，指控莫里吉奥非法挪用公款购买“克里欧号”。为此，莫里吉奥逃往不会因为金融犯罪引渡他回意大利的瑞士
	1987 年 7 月 17 日，法院组建董事会，任命大学教授玛莉亚 · 马特里尼担任董事长。至此，GUCCI 公司的行政管理权首次落入外人之手
	1987 年 9 月，莫里吉奥飞往伦敦，与阿拉伯人内米尔·克达(NemirKirdar)洽谈合作事宜，即“马鞍计划”——重塑品牌知名度、实现专业化管理、统一股东成员
	1987 年 10 月，投资集团以 4000 万美元买下宝洛的股权。宝洛出售股权的决定标志着 GUCCI 品牌发展史上的重要转折点
	1987 年 11 月 28 日，佛罗伦萨法院宣判莫里吉奥将资金移至海外的行为无罪
	1988 年 3 月，摩根士丹利公司陆续与乔吉欧和罗贝托达成协议。罗贝托留了 2.2% 的股权，想抓住最后一根救命稻草，与莫里吉奥能一起掌控公司
	1988 年 6 月，投资集团决定现身，宣布已从摩根士丹利手上买下“近五成古奇股权”，而且与罗贝托就其手上剩余 2.2% 的股权达成协议。直至次年 3 月，眼见与莫里吉奥合作无望，罗贝托才彻底放弃持股。这样投资集团收购了 GUCCI 的 50% 股权，成为古奇家族企业史上另一个重要转折点

在机构控股阶段，GUCCI 品牌主要由三个发展时期组成，即整合期、重生期和反接管期。三个发展时期的股权结构和代表性经营事件参见表 1.9–5、表 1.9–6 和表 1.9–7。

表 1.9-5 1990~1993 年整合期的 GUCCI 品牌股权结构和代表性经营事件一览表

股权结构	代表性经营事件
古奇家族失去控股管理	1990 年 1 月，莫里吉奥与投资集团顺利达成协议，以 3.5 亿美元买下对方持有的 50% 的 GUCCI 股权。由于经营不善，没有一家银行愿意贷款给莫里吉奥
	1993 年 9 月 23 日星期五，莫里吉奥作出了愿意出售股权的决定，并以 1.2 亿美元与投资集团成交

表 1.9-6 1993~1997 年重生期的 GUCCI 品牌股权结构和代表性经营事件一览表

股权结构	代表性经营事件
古奇家族失去控股管理	1993 年 9 月 26 日星期一，这是投资集团完全控制 GUCCI 后的第一个工作日
	1996 年 4 月，投资集团又完成了更为成功的第二次上市计划
	1997 年 9 月，GUCCI 持续两年的销售量暴涨和股价飞扬戛然而止。为此，GUCCI 的首席执行官（CEO）德·索尔提出一项旨在防止被恶意收购的提案：单独股东不论占有多大股份，在股东大会上最多只能有 20% 的投票权。11 月，GUCCI 的股东们否决了这个提案

表 1.9-7 1998 年 ~ 反接管期的 GUCCI 品牌股权结构和代表性经营事件一览表

股权结构	代表性经营事件
第一代掌门人完全控股	1998 年 6 月，PRADA 宣布买进 GUCCI 9.5% 的股权而成为最大股东
	1999 年 1 月，LVMH 已买进 GUCCI 34.4% 的股权，总值约 14.4 亿美元
	1999 年 2 月 18 日，GUCCI 宣布向 GUCCI 员工配发 3700 万股普通股，这样 LVMH 持有的 GUCCI 股份立刻被稀释为 25.6%
	1999 年 3 月 19 日，皮诺特（PPR 集团创始人）和 GUCCI 向外界发布惊人消息：除了把刚刚 10 亿美元买下的莎诺菲公司交给 GUCCI 管理外，佛朗索瓦·皮诺特已投资 30 亿美元买进 GUCCI 的 40%（后增至 42%）股票。至此，LVMH 集团恶意收购 GUCCI 的争夺战宣告结束

股权效应

经过百年股权更替，GUCCI 品牌从 1921 年一家经营皮箱的小店，一跃成为全球第二大奢侈品集团 PPR（Pinault Printemps Redoute）的领军品牌。2018 年 12 月，世界品牌实验室编制的《2018 世界品牌 500 强》揭晓，GUCCI 在全球所有行业品牌经营中位列137位。

进入21世纪以来，GUCCI品牌在世界品牌500强排名中时有起伏，但丝毫不影响GUCCI在国际消费者心目中的美誉度和号召力。在研读GUCCI品牌案例时，我们应该保持清醒的头脑，并尽力回答如下两个问题：

如何持续保持一个品牌在不同生命周期的旺盛生命力？

如何进行品牌资产有效管理？

分析解读

GUCCI品牌资产所有权的演变经历了三个阶段七个时期，反映了一个家族品牌蜕变成国际品牌的一般历程。如果GUCCI没有从家族控股品牌演变成机构控股品牌，或许GUCCI品牌就不会有今日之成就和地位。

争取一流品牌领导权是股权结构再分配的博弈的结果。纵观GUCCI品牌的发展史，如果没有对GUCCI品牌不断进行资产重组，GUCCI品牌的发展或许会因为资金短缺而夭折。当然，有一个事实值得关注：资产重组并不能真正解决GUCCI品牌的发展瓶颈，1993年9月26日对GUCCI品牌的管理重组则引领GUCCI走向崭新的巅峰。

图1.9-1 第一家Gucci店铺

图1.9-2 Gucci品牌店铺

参考文献

[1]（美）弗登．古奇王朝——世界上最时尚家族的情感、势力与脆弱[M]．辛艳译．北京：中信出版社，2005.
[2]（美）伊查克 爱迪思．企业生命周期[M]．北京：中国社会科学出版社，1997.
[3]（美）曼昆．经济学原理[M]．北京：机械工业出版社，2003.

1.10 品牌商标案例

Valentino 分而治之的商标 ——Valentino 家族的痛

对于一家知名品牌来说，Valentino 似乎有太多商标相似的小伙伴。自第一个 Valentino 品牌出现以来，服装业出现了众多以 Valentino 为品牌名的企业，它们之间的关系既有行业竞争，也涉及家庭矛盾。如何统一这些 Valentino？分而治之、划地为界的方法有效么？

营销知识点

1）商标（Trade Mark）是一个专门的法律术语

品牌或品牌的一部分在政府有关部门依法注册后，称为“商标”。商标受法律保护，注册者有专用权。国际市场上著名的商标，往往在许多国家进行了注册。中国有“注册商标”与“未注册商标”之区别。注册商标是在政府有关部门注册后受法律保护的商标，未注册商标则不受商标法律的保护。

2）商标具有独占性，又称专有性或垄断性

商标注册人对其注册商标享有独占使用权。赋予注册商标所有人独占使用权的基本目的，是为了通过注册建立特定商标与特定商品的固定联系，从而保证消费者能够避免混淆并能接受准确无误的商品来源信息。换句话说，在商业中未经许可的所有使用，都将构成对商标专用权的侵害。

3）商标还具有地域性

商标专用权的保护受地域范围的限制。注册商标专用权仅在商标注册国享受法律保护，非注册国没有保护的义务。在我国注册的商标，要在其他国家获得商标专用权并受到法律保护，就必须分别在这些国家进行注册，或者通过《马德里协定》等国际知识产权条约在协定的成员国申请领土延伸。

4）国际商标

申请人到国外申请注册商标有两种途径，一种是逐一国家注册，即分别向各国商标主管机关申请注册；一种是马德里商标国际注册，是指按照《商标国际注册马德里协定》《商标国际注册马德里协定有关议定书》由世界知识产权组织国际局所进行的商标注册。国际注册的商标可以通过领土延伸在指定的协定及议定书缔约国直接受到法律保护，从而产生与在这些国家逐一进行商标注册相同的法律效力。截至 2019 年 1 月，马德里联盟已有 103 个成员，覆盖 119 个国家。这些成员占有了世界贸易的 80%，而且有潜力随着成员增加而扩大。

案例呈现

在全球范围内和意大利 Valentino 有直接关系的品牌只有 3 个，分别是 Mario Valentino、Valentino Garavani 和 Giovanni Valentino。

第一个 Valentino——Mario Valentino：1908 年， Vincenzo Valentino 在意大利那不勒斯创立“Valentino”工作室，被许多人认为是世界上最好的工匠，受到了很多意大利皇室贵族及社会名流的拥戴。1952 年，家族第二代继承人 Mario Valentino（图 1.10–1）发展了鞋类设计，Mario Valentino 于 1952 年在意大利那不勒斯创立“Valentino”，又称“Mario Valentino”，总部至今仍在那里。该公司在全球皮革制品中使用自己的商标生产鞋类和配件。让该品牌有机会在意大利和世界时尚史上留下印记的是珍贵的珊瑚凉鞋。设计于 1954 年，优雅、突破性的珍贵珊瑚凉鞋（Coral Sandal）于 1956 年登上了 *Vogue France* 的封面，并且至今保留在瑞士苏黎世（Schönenwerd）的百丽鞋（Bally Shoe）博物馆展出。公司因为卓越的鞋类设计而与纽约的 I. Miller 签订合同，成为当时在美国进口和分销奢侈鞋的唯一海外公司。自 1971 年 4 月 26 日起，Mario Valentino 集团在美国拥有手提包和皮革制品 Valentino 商标。Valentino Bags® 在意大利制造了一系列奢华的手袋和配件（图 1.10–1），该生产线在意大利顶级工厂生产，也支持各种其他奢侈品牌。1985 年，Mario Valentino 代表家族从意大利总统桑迪罗·皮蒂尼（Sandro Pertini）手中接受特别成就奖，荣获国家最高荣誉之十字骑士（Cavaliere）勋章。1991 年 Mario Valentino 辞世，品牌由家族第三代 Vincenzo Valentino 接管，其品牌已经扩展到东京、纽约、俄罗斯和东欧国家。

Mario Valentino

Mario Valentino 商标

Mario Valentino 广告

图 1.10-1Mario Valentino 的 Valentino

第二个 Valentino——Valentino Garavani：1932 年 5 月 11 日出生的 Valentino Garavani（全名 Valentino Clemente Ludovico Garavani，图 1.10-2）是最著名的 Valentino，也是意大利时装设计师、Valentino 品牌和公司的创始人。1960 年，Valentino 在罗马开设了一家时装屋（图 1.10-2）。1962 年，他创立了 Valentino 女装品牌，并在荷兰注册（图 1.10-2），成为意大利的女装奢侈品牌，在欧洲一举成名。Valentino 因其红色连衣裙而闻名，其明亮色调在时尚界被称为“Valentino 红”。随着品牌发展，品牌系列包括 Valentino、Valentino Garavani、Valentino Roma 和 RED Valentino。

Valentino Garavani

Valentino Garavani 商标

Valentino Garavani 公司

图 1.10-2 Valentino Giovanni 的 Valentino

第三个 Valentino——Giovanni Valentino：1956 年，那不勒斯的 Valentino 家族的第三代子孙 Giovanni Valentino（第三代 Vincenzo Valentino 的弟弟）（图 1.10–3）以其才华横溢的创作天分、多年的创作经验以及独特的风格成为了家族的总设计师。1991 年，Mario Valentino 去世。为了进一步表现他无尽的创作力，Giovanni Valentino 与妻子 Annabella Valentino 开创了新的企业，名为 Giovanni Valentino 商业集团（Giovanni Valentino Business Group），注册了他个人的商标“Giovanni Valentino”，成为全新的 Valentino 品牌。同年，在中国注册商标 Giovanni Valentino。2007 年，Giovanni Valentino 在中国开设首家直营旗舰店（图 1.10–3）。

Giovanni Valentino　　Giovanni Valentino 商标　　Giovanni Valentino 店铺

图 1.10–3 Giovanni Valentino 的 Valentino

Valentino 们的协议：为了让这些 Valentino 品牌不产生矛盾，1978 年，那不勒斯的 Valentino 家族和 Valentino Garavani 达成协议，双方将采取分兵而治，Valentino Garavani 在服装类产品上拥有 Valentino 商标专用权；Mario Valentino 在皮鞋及皮具类产品上拥有 Valentino 商标专用权；而 Giovanni Valentino 既可以生产鞋类皮革制品，也可以生产服装，但是产品必须用商标全称 Giovani Valentino（表 1.10–1）。

品牌保护

虽然 Valentino 们在 1978 年达成了商标使用范围的协议，然而对一个品牌分而治之为商标保护留下了隐患。在一段时间里，Valentino 成为拥有相似品牌名称竞争对手最多的一个品牌。

表 1.10-1Valentino 商标的使用权划分

	Valentino		Giovanni Valentino
生产品类	服装类	皮鞋及皮具类	服装类、皮鞋及皮具类
商标图案	VALENTINO	VALENTINO BY MARIO VALENTINO MARIO VALENTINO	GIOVANNI VALENTINO ITALY
商标名称	Valentino	Valentino Mario Valentino	Giovanni Valentino
创始人	Valentino Garavani	Mario Valentino	Giovanni Valentino

以中国市场为例，2000 年以后中国各地冒出了大量的 Valentino 专卖店，其与 Valentino 商标所不同之处在于都在 Valentino 商标前后增加了前缀或后缀，让人产生属于 Valentino 家族的联想。2003 年底，面对纷乱的 Valentino 市场，支撑不下去的意大利品牌 Giovanni Valentino 选择了暂时从中国市场全身而退。而当时在国家工商行政管理总局商标局备案、本土企业正在申请中的加各种前缀后缀的 Valentino 品牌就有 158 个之多（图 1.10–1）。

市场上如何会出现多个 Valentino 品牌?

对于 Valentino 品牌自身来说，有三家独立公司共同拥有 Valentino 的使用权，会不会为品牌维护带来隐患?

从市场规范的角度来看，商标法允许以著名商标前后增加前缀或后缀的方式申请作为新商标么?

面对已经出现的市场现状，血统纯正的 Valentino 们应该如何保护自己的商标来维权?

对于这些问题，不妨从品牌战略、法律法规的角度来分析得到答案。

分析解读

对于具有国际地位的 Valentino 品牌来说，一个品牌名称同时被三家公司分别拥有是有违商标独占性的，对于消费者建立品牌识别也有障碍。自从首次允许以

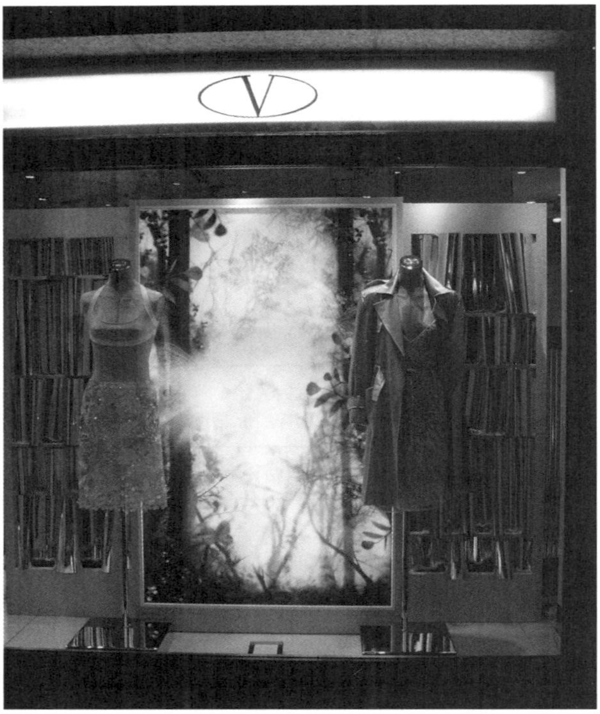

图 1.10-1 Valentino 品牌店铺

Giovani Valentino 增加前缀的形式作为商标，就难以保证 Valentino 不会被滥用商标。Valentino 商标被三个不同企业使用和延伸，本身对品牌就是一种透支，加上三家企业在中国授权各自不同的机构开展业务，增加了商标使用的复杂性，进一步推动了品牌被滥用的速度。

由于三方的独立经营，容易造成各方为了自己利益将品牌滥用，而对于品牌维护却都相对懈怠和有依赖性。Valentino 屡遭侵权的根源，还是因为没有统一的品牌管理和维护。

《中华人民共和国商标法》对商标从申请注册、申请公告都有明确规定，不允许近似商标的申请和授权。第十五条规定："就同一种商品或者类似商品申请注册的商标与他人在先使用的未注册商标相同或者近似，申请人与该他人具有前款规定以外的合同、业务往来关系或者其他关系而明知该他人商标存在，该他人提出异议的，不予注册。"第三十条规定："申请注册的商标，凡不符合本法有关规定或者同他人在同一种商品或者类似商品上已经注册的或者初步审定的商标相同或者近似的，由商标局驳回申请，不予公告。"第三十一条规定："两个或者两个以上的商标注册申请人，在同一种商品或者类似商品上，以相同或者近似的商标申请注册的，初步审定并公告申请在先的商标；同一天申请的，初步审定并公告使用在先的商标，驳回其他人的申请，不予公告。”对于知名商标来说，通过加前缀或后缀属于近似商标，在工商局很难通过审批。但是，Valentino 商标本身就由多家企业共享，本身先造成了商标管理的混乱。“傍名牌”商标属于近似商标，是可以申请驳回商标使用权的。但是需要真正的商标权利人持注册证明来工商局进行投诉。而 Valentino 的商标权利人分散，容易导致维权困难。

商标最重要的作用是用于品牌识别。对于 Valentino 系的三家企业来说，商标分而治之已经是难以改变的现状，不如从提高消费者认知出发，加强品牌识别。在服装品牌繁荣的当下，消费者对品牌的认知不仅仅是商标、知名度，还包含着产品、品质、服务、文化内涵……通过在消费者心中建立品牌的产品、质量、服务、文化等信念，可以提高消费者对品牌的认知，从而强化品牌识别效果。

参考文献

[1] 世界知识产权组织网站．商标国际注册马德里体系 [OL].2018-01-15. https://www.wipo.int/madrid/zh/members/.
[2] Mario valentino 品牌官方．Mario valentino 品牌介绍 [OL]. [2019-03-18]. https://www.mariovalentino.it/ .
[3] Giovanni Valentino 品牌官方．Giovanni Valentino 品牌介绍 [OL]. [2019-03-18]. http://www.giovannivalentino.com/.
[4] Valentino 品牌官方 .Valentino 品牌介绍 [OL]. [2019-03-18]. https://www.valentino.cn/zh-cn/maison/maison.

1.11 现代物流案例

快速响应的 MANGO

物流是企业的生命线，是参与市场营销的核心竞争能力，是为迎合顾客需求而对原材料、半成品、成品及相关信息从产地到消费地高效率、低成本流动和储存而进行的规划、实施与控制过程。这是 1962 年美国物流管理协会（Council of Logistics Management）对物流的定义。现代时尚品牌对物流的基本要求是快速、高效、低成本。

营销知识点

在本案例学习中，重点把握两大知识点：一是物流系统的组成要素；二是物流创造的价值。

美国物流管理协会认为一个典型物流系统组成要素包括：客户服务、需求预测、分拨系统管理、库存控制、物料搬运、订单处理、零配件和服务支持、工厂和仓库选址、区位分析、采购、包装、退货处理、废弃物处理、运输管理、仓储

图 1.11-1 MANGO 的仓储物流实拍图

管理。在企业经营过程中，创造产品或服务主要有四种价值：

（1）形态价值；

（2）时间价值；

（3）空间价值；

（4）占有价值。

物流创造其中两种价值，即时间价值和空间价值。物流主要通过运输、信息流动和库存实现这三大方式来获得控制产品的时间和空间价值。形态价值是通过将投入转化为产出，占有价值则由营销、技术和财务部门通过帮助客户通过广告（信息）、技术支持、销售条件（定价和信贷可得性）等手段获取产品。

案例呈现

MANGO——西班牙著名国际休闲时装品牌。每年面向全球生产、分销数千万件休闲时装，包括男装、女装、男童装和女童装。其中，以四季系列休闲女装为主打。

MANGO 发现要使分销系统运作快捷，最佳办法是运用互联网技术和大数据分析实现分销点、工厂和仓库之间的市场需求连接，形成热销产品的在线订单下达→ CAD 系统设计→热销款式的尺码配比→制造工厂批量生产和包装→通过条形码技术自动入库。MANGO 只有一家仓库供应世界上 70 多个国家的数千家门店。仓库耗资 3 千万美元，但这个分拨中心只有 10 余名工作人员，每天处理 20 余万件服装。

MANGO 物流计算机自动配送系统：以休闲女装配送为例，MANGO 休闲女装主要有叠装和挂装两种存放形式，它们被安置在仓库数十万个货位中，计算机

图 1.11-2 MANGO 仓储物流实拍图

图 1.11-3 MANGO 仓储物流实拍图

一旦收到配送指令，就马上让机器人运行起来，阅读条形码，找出需要的货物，并将这些货物拣出来，装上卡车。

MANGO 仓储物流的实拍图详见图 1.11-1~ 图 1.11-3。

包括生产时间在内，MANGO 可以在数周内将所有订购的货物运到世界各地。如果公司仓库有存货，就只需 1 周。如果 MANGO 发现今年没有生产市场某款旺销产品，就会在数周内紧急生产并快速运往销售地点。

物流效应

位于西班牙巴塞罗那近郊的 MANGO 品牌总部，设立了全球唯一的 MANGO 品牌物流中心。每年承担着全球 70 余个国家、数千万件服装的入库、配送、分销的任务。为了在高度流行、快速换季的国际服装品牌市场竞争中胜出，像其他国际快时尚品牌一样，MANGO 品牌通过实施现代物流管理战略，赢得了不断细分中的市场终端、市场份额和营销利润。

今天，线上线下销售模式广泛存在于快时尚品牌经营之中。但是，建设现代物流系统始终是快时尚品牌参与国际市场竞争的基础设施。

分析解读

建立“流行情报→制造工厂→仓储中心→销售终端→消费客群”现代供应链管理系统，对线上线下快时尚品牌经营具有不可或缺的战略意义。每一个服装品牌经营者不仅要投入资金成本和时间成本来建设满足整个供应链系统中的物流体系，而且要很好地将物流系统的组成要素有机地整合起来，以满足客户或顾客的消费需求。这是未来品牌参与市场竞争的重要法宝之一。

当然，在合理投资和准确快捷运转的前提下，如何创造适合中国快时尚品牌企业的现代物流运作系统是我们需要解决的重要课题。

参考文献

[1]（美）Ronald H.Ballou.企业物流管理——供应链的规划、组织和控制[M].王晓东，胡瑞娟等译.北京：机械工业出版社，2002.

品牌领袖 · 品牌领袖

品牌基因

1.12 品牌领袖案例

品牌王国的领导者——Polo Ralph Lauren

品牌领袖是品牌发展的决策者与引路人。本案例中的Polo Ralph Lauren品牌从创建到发展过程中依据拉尔夫·劳伦（Polo Ralph Lauren）的个人价值观和时尚认知前行，他设计宽领带，创立品牌，并建立与之相符的销售渠道，品牌迅速扩张，建立特许经营体系，成为集男装、女装、童装、家具用品、配饰、香水于一体的全球化的品牌。品牌经营过程中，拉尔夫·劳伦的个人魅力对品牌设计、管理团队成员具有高度的凝聚力，同时也确立了拉尔夫·劳伦在Polo Ralph Lauren时尚帝国的绝对领导地位。

营销知识点

领导理论学派的“领导方式连续统一体理论”：这是一种权变领导理论。按照领导者运用职权的程度和下属享有自主权的程度把领导模式视作一个连续带，以高度集权、严密控制为其左端，以高度放手、间接控制为其右端，当然这两个极端之间也不是绝对的，有一定的限度。

1）领导模式的选择

采用何种领导模式以及何种领导模式可行，可参考以下因素：领导者方面的因素，下属方面的影响因素，环境方面的影响。

2）结论

一个成功的领导者必须敏锐地认识到在某一特定时刻影响他们行动的种种因素，准确地理解他自己、他领导的每一个人以及组织和社会环境。一个成功的领导者必须根据上述理解和认识，确定自己的行为方式。

［注：领导方式连续统一体理论是由坦南鲍姆（R. Tannenbaum）和沃伦·施

图 1.12-1 Polo Ralph Lauren 品牌店铺

密特（Warren H. Schmidt）于1958年提出的一种理论。]

案例呈现

Polo Ralph Lauren 是拉尔夫·劳伦设计创造力的产物……他的经历同时也是身份的商品化过程，是高雅上流社会符号的民主化过程，是豪华消费品推销策略不断完善的过程，也是依靠“生活方式”的概念来推销产品、品牌全球化策略并使国际时装界全面美国化等做法不断取得成功的过程（图 1.12–1）。

“我给人带来的是一个梦想”，拉尔夫·劳伦说：“是你最渴望得到的世界，你穿的就是最适合的服装。我看到了整体的感觉，而不仅仅是一条裤子或一件衣服本身。万事万物都与其他事物有所联系，不可分割。我设计的东西融入于生活之中，是生活的方式。”

拉尔夫·劳伦还说，他的商标名称又要有运动色彩，又要保持高贵典雅……其实挑选哪个词的关键在于商品定位……Polo Ralph Lauren 有一种“国际性的品质，欧洲的感觉，也有高贵的感觉”，同时还有“时尚的气氛，所以它是在运动中混杂了时尚和生活方式”。Polo 四个字母的组合包含了拉尔夫·劳伦追求的全部。“一个小标记，”他说，“有魅力、国际化，还有点儿花花公子的感觉，去参加马球比赛的都是温文尔雅的人物。一切就这样开始了。”

置身于帝国大厦一间没有窗户、面积很小的办公室里，拉尔夫·劳伦开始用他在推销员生涯里学到的方法给记者讲述它们（领带）背后的故事。他可不是想推销商品，他相信商品中蕴含的意义。而且，他深知该在什么人身上下功夫：记者，更理想的人是零售商。“关键在于你买东西的地方，”他说，“不同的商店赋予商品不同的内涵，有的正确，有的错误。我需要打入一些很好的商店，而不是普通的市场……我推动的是一种品位，纯粹是感觉。”……拉尔夫·劳伦能做出这种论断实在了不起，因为当时他的全部生意不过是一抽屉领带。

1970 年 9 月，拉尔夫·劳伦第一次获得了科蒂奖，他的影响力进一步得到了承认。……拉尔夫·劳伦想要什么呢？“一个完全属于设计师个人的店铺，能代表他的观点，除了商品之外，还要具备相应的气氛和空间，让人放松地购物。”这个想法非常新颖，没有一家百货商店会单独辟出一个店铺，专门卖某个人出品的东西，闻所未闻！零售业没有过这种先例。

1973 年拉尔夫·劳伦已经破产了，但他的品位这么高超，大家都愿意支持他继续下去，支持者包括布鲁明代尔百货商场、尼曼 – 马科斯商场、希尔顿公司等，支持的方法是商场打破惯例为各季订货提前付款等。

拉尔夫·劳伦把针织衫的生产转移到中国香港带来了巨大的利益。单是这一种商品，就扭转了整个公司的亏损局面。……“我（彼得·斯特罗姆）和拉尔夫·劳伦在一点上达成了共识——他对此尤其坚定——就是所有的特许经营商品都必须保证质量。……只有这样才能保证品牌形象。”

“拉尔夫·劳伦是我们的英雄，我们对他描绘的未来坚信不移，我们是他的兵。事业非常耗神，你被彻底吸引，那真是个美丽的地方，到处都是斜纹软呢、条纹面料和格子呢，还有漂亮姑娘和奢侈的消费，办公室就像“爬满工蜂的蜂窝”。

无论有多成功，拉尔夫·劳伦都不会满足。“他去布鲁明代尔百货商场不是为了享受他的成功，而是到其他品牌的店里去看人家买的东西，” Polo Ralph Lauren 的销售主管马蒂·斯塔夫说，“要确认别人生产的东西都没有他的好。一旦别人有什么产品超过他，他就必须立刻自己设计生产出更好的。”

品牌境界

（1）创立于 1968 年的 Polo Ralph Lauren 象征着时尚界的顶级产品，美国经典品牌。

（2）拉尔夫·劳伦给自己塑造的形象和市场营销的手段都是别人无法比拟的。什么都阻止不了他，没有受过专业训练、缺乏经验都不是障碍。

（3）Polo Ralph Lauren 进入纽约的布鲁明代尔百货商场的旗舰店，时装业的最前线；进入了德克萨斯州达拉斯上层阶级的百货商店尼曼 – 马科斯；进入了纽约第五大街萨克思商场。

（4）1971 年 9 月，耗资 85000 美元的第一个拉尔夫 · 劳伦专卖店在布鲁明代尔百货商场的主要销售楼层北端开张了。1972 年 5 月，拉尔夫 · 劳伦的全系列女装正式上市后，在布鲁明代尔百货商场的旗舰店又开设了一家衬衫专卖店。

（5）1971 年 9 月，拉尔夫 · 劳伦的第一家 Polo Ralph Lauren 独立专卖店，坐落在比弗利山庄的竞技路，面积达到 3000 平方米。这是美国设计师拥有的第一家完全独立的个人店铺。

（6）1976 年，拉尔夫 · 劳伦与华纳合作，成立了华纳 – 劳伦有限公司，生产和销售 Polo 牌香水，1978 年 3 月，男士香水 Polo、女士香水 Lauren 上市立刻取得成功。

（7）1986 年 4 月 21 日，纽约麦迪逊大街瑞恩兰德大厦的 Polo Ralph Lauren 专卖店盛大开张，《纽约时报》说它是拉尔夫 · 劳伦“终极梦想的家园”。拉尔夫 · 劳伦本人因此达到了公认的美国成就榜的顶峰。

（8）拉尔夫·劳伦建筑了一个自己的时尚帝国，在2018世界品牌500强排行榜中，Polo Ralph Lauren排名第169位。

分析解读

拉尔夫·劳伦之于Polo Ralph Lauren品牌的作用无可替代，他的作为涵盖了价值观念、时尚品位、品牌理念、产品研发、销售渠道、品牌延伸、营销团队等各个方面。Polo Ralph Lauren品牌每个发展决策无一不与拉尔夫·劳伦对事物的看法、追求有关，他运用领导者职权的程度达到了“领导方式连续统一体”中高度集权、严密控制的左端。

拉尔夫·劳伦的价值观、时尚感与高超品位的修练源自他对具有历史价值的东西的酷爱以及对WASP（White Anglo-Saxon Protestant的缩写，祖先是盎格鲁·撒克逊人的白种新教徒）的仰视。拉尔夫帝国——乃至整个服装界——得以立身的基础，是一个概念：通过服装，可以将对生活方式的渴望转变为现实。

参考文献

[1]（美）迈克尔·格罗斯．我不是时装设计师——Polo之父拉尔夫·劳伦传记[M]．北京：机械工业出版社，2004．
[2]世界品牌实验室，ICXO.COM．2018年《世界品牌500强》排行榜[OL]．2018-12-18 http://www.worldbrandlab.com/world/2018/.

1.13 品牌领袖案例

阿曼西·奥特加·高纳——Inditex集团全新商业模式的发动机

图 1.13-1 ZARA 创始人
阿曼西·奥特加·高纳

传统时装产业是一个销售淡旺季分明且遵循80/20法则的领域。在品牌定位明确的前提下，以有限的品类款式尽可能满足有限的目标消费群体，以此实现服装企业经营利润的最大化。这种商业模式使时装产业处于完全竞争的市场格局，引发经营利润趋于微利化的现象。面对竞争激烈的时尚消费市场，阿曼西·奥特加·高纳（Amancio Ortega Gaona，图1.13–1）在Inditex集团创建与发展过程中，突破时尚流行的淡旺定律，挖掘快速变化的时尚商机，倡导快速时尚的盈利模式，保持竞争市场的巨大优势。

营销知识点

1）80/20法则

（1）80/20法则亦称“帕累托效应”“80/20原理”“最省力法则”“不平衡原则”“帕累托法则”。这一法则源于按事情的重要程度编排行事优先次序的准则，它是在“重要的少数与琐碎的多数”原理的基础上发展而来，由19世纪末期与20世纪初期的意大利经济学家兼社会学家维弗利度·帕累托（Vilfredo Pareto）提出。其含意是：在任何特定群体中，重要的因子通常只占少数，而不重要的因子则占多数，因此只要能控制具有重要性的少数因子即能控制全局。

（2）帕累托曾提出，在意大利80%的财富为20%的人所拥有，并且这种经济趋势存在普遍性。这个原理经过多年的演化，已变成当今管理学界所熟知的

"80/20 法则"。80/20 法则也被推广至社会生活的各个部分，且为人们所认同。例如，在服装企业中，通常认为 80% 的利润来自于 20% 的产品或店铺。80/20 法则对所有人的一个重要启示：避免将时间花在琐碎的多数问题上，因为就算你花了 80% 的时间，你也只能取得 20% 的成效。你应该将时间花于重要的少数问题上，因为掌握了这些重要的少数问题，你只花 20% 的时间，即可取得 80% 的成效。

2）商业模式

（1）商业模式的定义：为实现客户价值最大化，把能使企业运行的内外各要素整合起来，形成一个完整的高效率的具有独特核心竞争力的运行系统，并通过最优实现形式满足客户需求、实现客户价值，同时使系统达成持续赢利目标的整体解决方案。

（2）商业模式的八大要素："客户价值最大化""整合""高效率""系统""赢利""实现形式""核心竞争力""整体解决"这八个关键词也就构成了成功商业模式的八个要素，缺一不可。其中："整合""高效率""系统"是基础或先决条件，"核心竞争力"是手段，"客户价值最大化"是主观追求目标，"持续赢利"是客观结果。

3）长尾理论

（1）长尾（The Long Tail）概念由"连线"杂志主编 Chris Anderson 于 2004 年 10 月在《长尾》一文中提出，主要用来描述如亚马逊和 Netflix 之类网站的商业和经济模式。实际上，"长尾"是统计学中幂律（Power Laws）和帕累托分布（Pareto）特征的一个口语化表达。

（2）克里斯·安德森（Chris Anderson）认为，只要存储和流通的渠道足够大，需求不旺或销量不佳的产品共同占据的市场份额就可以和那些数量不多的热卖品所占据的市场份额相匹敌甚至更大。

（3）长尾市场也称之为"利基市场"。"利基"一词是英文"Niche"的音译，意译为"壁龛"，有拾遗补缺或见缝插针的意思。菲利普·科特勒（Philip Kotler）在《营销管理》中给"利基"下的定义："利基是更窄地确定某些群体，这是一个小市场并且它的需要没有被服务好，或者说有获取利益的基础。"

（4）关于"长尾"的界定。"长尾"至今尚无正式定义，克里斯·安德森认为，最理想的长尾定义应解释"长尾理论"的三个关键组成部分：热卖品向 niches 的转变；富足经济（The Economics of Abundance）；许许多多小市场聚合成一个大市场。不同学者纷纷给“长尾”作了定义，如“长尾实现的是许许多多小市场的总和大于等于一些大市场”，“长尾就是80%过去不值得一卖的东西”和“长尾讲述的是这样一个故事：以前被认为是边缘化的、地下的、独立的产品，现在共同占据了一块市场份额，足以可与最畅销的热卖品匹敌”。

（5）“长尾”的最佳口号：涓涓细流，汇聚成河；终结80/20法则；无物不销，无时不售；一个小数乘以一个非常大的数字等于一个大数。

案例呈现

（1）阿曼西·奥特加·高纳1936年3月8日生于西班牙。作为西班牙加利西亚时装企业家，他在2015年10月被《福布斯》评为世界首富，2019年3月位居《福布斯》全球亿万富豪榜第6位。与前妻罗萨莉娅·梅拉（Rosalia Mera）共同创建Inditex，并成为集团主席。

（2）14岁那年，由于父亲（一名铁路工人）工作关系，奥特加来到加利西亚的拉科鲁尼亚（La Coruña）。最初做一名兼勤杂工作的业务员，游走在拉科鲁尼亚的各种衬衫店。1963年，创立工艺品商店——GOA（姓名逆向英文缩写），并生产浴袍。1975年，以5000比塞塔（西班牙货币，相当于30欧元）开设首家Zara店，成为今日Zara母公司Inditex集团的雏型。

（3）这位被西班牙媒体称为“时尚终结者”的品牌巨人——奥特加为人低调、不喜张扬、穿着随意和拒绝领带的处世风格，为其社会形象蒙上了神秘面纱，值得一提的是在1999年前，奥特加的照片从未出现在媒体上。

（4）为了与竞争对手保持巨大竞争优势，奥特加实践了对20世纪末21世初国际时装产业具有重要影响的快速时尚（Fast Fashion）战略。其具体内容包括：

- 走流行时尚路线，避开全球各地以经典路线为主的强势竞争；
- 通过加快新品设计速度，营造卖场流行景象，消除流行淡旺季规律；
- 充分利用全球采购流行资源，加强时装款式的设计管理；
- 不断建设和扩容有着重要影响力的街边店铺——旗舰店；
- 一流的物流管理和现代零售终端服务体系。

（5）在快速时尚战略的指引下，1985年，奥特加成功组建了Inditex集团并实施了国际战略。1991年，Inditex集团启动了多品牌战略，通过新创、收购等形式使集团品牌规模迅速膨胀。2000年，集团总部大厦落成。2001年5月23日，Inditex成功上市，由此谱写了国际快速时尚盈利模式的崭新篇章。

发展历程

作为一名卓越的时尚产业领导人，阿曼西·奥特加·高纳所创建的 Inditex 集团全新商业模式，历经 40 余年的探索与实践，终于摆脱了传统时尚产业商业模式的困扰和局限，走出了一条适合 21 世纪国际时尚快速多变的发展之路。

（1）1963–1974 年，市场摸索和经验积累阶段。这一阶段，阿曼西·奥特加·高纳完成了对时尚市场由“感性认知”到“理性认知”的转型，为快速时尚概念的创建奠定了思想和物质基础。

（2）1975–1984 年，概念创建和网络形成阶段。这一阶段，Zara 快速时尚理念得到充分实践并广受消费者认同。这种认同感以 Zara 商店网络的不断扩张为标志。

（3）1985–2000 年，集团组建和模式完善阶段。这是 Inditex 集团走向国际顶尖时尚集团的最重要时期，也是国际快速时尚盈利模式的创建时期。代表性事件包括：

· 成立企业集团总部——Inditex；

· 集中全部生产资源投入到 Zara 品牌连锁体系中，实施了包括人力资源管理在内的所有现代企业管理体系改造工程；

· 奠定适合未来高增长水平的物流系统；

· 进行 Zara 海外专卖店的扩张；

· 创建新品牌连锁事业；

· 收购竞争集团品牌股份。

（4）2001 年至今，资本运作和物流中心阶段。在这一阶段，阿曼西·奥特加·高纳将 Inditex 集团推向了资本市场。成功上市后的 Inditex 集团，建立了适合国际市场营运的物流中心，集团建立的全球化多品牌快速时尚连锁体系成为研究范例和行业楷模。

分析解读

阿曼西·奥特加·高纳创立并发展的 Inditex 集团以其独特的快速时尚商业模式从根本上颠覆了 80/20 法则，谱写了 21 世纪时尚行业的神话；Inditex 集团将商业模式的八大要素极致化，特别是在“整合”“高效率”“系统”三大方面远远领先于竞争对手而使旗下核心品牌 Zara 等获得巨大成功。

Inditex 集团重新认知消费的“长尾理论”，倡导快速时尚全新的商业模式，以此告诉人们一个不争的事实：通过对市场的细分，企业集中力量于某个特定的目标市场，或严格针对一个细分市场，或重点经营一个产品和服务，完全可以创造出产品和服务的市场优势。

本案的核心难点有两个：一是挑战时尚产业传统理念，如流行淡旺季规律和服装库存现象，这是本案的关键，也是阿曼西·奥特加·高纳能够成为国际时尚产业领导者的基本素质；二是正确选择并持续执行企业发展策略，如“先易（单一品牌）后难（多品牌）”“先内（国内市场）后外（国际市场）”“先局部（连锁网络）后整体（物流中心）”“先产品（品牌）后资本（上市）”等市场营销管理，该策略得以执行的根本保障是阿曼西·奥特加·高纳的经验积累与及其创建的国际化管理平台 Inditex 集团总部。

参考文献

[1] Inditex. OUR STORY[OL]. [2019-3-10]. http://www.inditex.cn/en/about-us/our-story.

[2]（美）克里斯·安德森 . 长尾理论 [M]. 乔江涛译 . 北京：中信出版社，2006.

[3] 李振勇 . 商业模式：企业竞争的最高形态 [M]. 北京：新华出版社，2006.

1.14 品牌基因案例

来自网球世界的品牌 LACOSTE

基因是控制生物性状的基本遗传单位，生物体的一切生命现象都与基因有关，它也是决定生命健康的内在因素。品牌基因嫁接于细胞生物学理论，并在“品牌建立学”上做了提升，品牌基因包括品牌核心价值和品牌个性，品牌基因是品牌资产的主体部分，是驱动客户认同、喜欢乃至爱上一个品牌的主要力量。

本案例中的 LACOSTE 品牌利用体育明星的短暂辉煌铸就了一个传奇的服装品牌，其成功的根本原因是发现和挖掘其标志性的关键元素，并将其作为品牌的基因包装一个具有国际影响力的品牌，即 LACOSTE 品牌的成功在于善用 LACOSTE 基因创建及经营管理品牌。

营销知识点

1）品牌基因通过挖掘独有的品牌特征

价值观、风格、差异点和标准，锻造竞争优势，塑造真正的品牌，帮助企业实现以下目标：

（1）培育出统一的、鼓舞人心的、参与度高的员工文化，它能百分之百支撑品牌，形成员工广泛认同的核心价值观和业绩标准；

（2）持续创造出能赢得客户长久青睐的品牌体验；

（3）支撑企业战略目标并为企业设立原则；

（4）通过将品牌特质贯彻到员工的一举一动中形成品牌意识；

（5）让企业获得长期稳定的发展。

2）商标在品牌中的地位非常重要

从形象上说，商标是品牌的象征物。从法律上说，商标是品牌的法定代表人。

从财务上说，商标是品牌的等价物。但是，商标本身并不是品牌。

3）品牌就是人们对组织、产品或服务提供的一切利益关系、情感关系和社会关系的综合体验及独特印象，是代表特定所有者权益的一种无形资产

全员品牌管理整体解决方案是以品牌组织建设、品牌形象管理、品牌资产管理为目的制定的，是由一系列策略构成的整体行动计划，并形成一整套具有可衔接性、可扩展性、可复制性的系统文件。

在品牌建设中，企业的最高管理者需要在“以人为本”的指导思想下把握好六个关键点：

（1）消费者的本性是欲望，能力是消费，所以不断地刺激消费者的消费欲望并满足其变化的消费能力是品牌组织建设的第一个关键点。

（2）企业家的本性是创造，能力是资源整合，所以发挥企业家的创造力和驾驭资源的能力是品牌组织建设的第二个关键点。

（3）投资家的本性是投机，能力是风险控制，所以给投资家一个清晰的判断机会和风险可控的商业计划是品牌组织建设的第三个关键点。

（4）商人的本性是把握机会，能力是快速响应，所以与商人从开始建立高效的沟通平台和利益分配体系是品牌组织建设的第四个关键点。

（5）职业经营人的本性是执行，能力是团队管理，所以给职业经理人一个明确的目标并赋予权力是品牌组织建设的第五个关键点。

（6）知识员工的本性是自我实现，能力是专业技能创造性的发挥，所以为知识员工创造一个合适的企业文化和构建学习型组织是品牌建设的第六个关键点。

4）品牌形象管理本质上是品牌化组织成员之间的沟通管理，沟通管理的目的是达到预期的认知。

沟通管理要从三个方面考虑。第一是形象定位，包括产品形象、企业形象、企业家形象、事业形象等。第二是客户的认知，包括价值观、偏好、需求等。第三是媒介选择，这一点非常重要，因为媒介选择直接关系着大笔的资金投入。

对于品牌资产管理公司而言，其收入来源包括两方面：一是仿效风险投资基金管理的方式，收取固定的管理费，二是从品牌资产经营的收益中进行利润分成。品牌资产经营收益包括品牌许可收入、特许经营收入、品牌资产投资收入等，也包括品牌联盟产生的收益。

案例呈现

（1）2002 年 6 月，《拉科斯特鳄鱼传奇史》一书首次披露了由著名的“1212”POLO 衫和鳄鱼标志所开创的 LACOSTE 70 年传奇历史，介绍了勒内・拉科斯特（René Lacoste）凭借自己的聪明才智和革新精神创建鳄鱼品牌，并将其从一个单一的 Polo 衫品牌发展为种类齐全的服装品牌和时尚品牌的过程，读者由此可以了解 LACOSTE 品牌无与伦比的价值及其成功的原因。

（2）1927 年，勒内・拉科斯特和他的“火枪手”同伴从美国人手中夺得了戴维斯杯，并于次年成功卫冕。他的名字由此被载入网球史册。

LACOSTE 的美称于 1927 年在网坛崭露头角。勒内・拉科斯特对于这一绰号最终成为世界驰名品牌的过程总是津津乐道：“美国报界给我的绰号‘LACOSTE（鳄鱼）’，是因为当年戴维斯杯赛时我同国家队队长打赌而起的。他当时许诺只要我能够在一场关键比赛中胜出，就送我一只鳄鱼皮皮箱。这个深受美国观众喜爱的绰号正体现了我在球场上那种决不轻言放弃的坚毅精神！我的朋友罗伯特・乔治（Robert George）还把鳄鱼标志绣在了我的比赛服上。”

（3）1933 年，勒内・拉科斯特与当时法国最大的针织企业总裁安德烈・吉利埃合作创建了公司。该公司主要生产勒内・拉科斯特原先为自己设计的、带有鳄鱼标志的针织 POLO 衫以及其他一些适合网球、高尔夫、帆船运动的 POLO 衫。1933 年公司出版的第一份产品目录详细罗列了以上各种产品。

据我们所知，勒内・拉科斯特开创了将商标标志设于服装外部的先河，这样的做法随后得到了各大品牌的纷纷仿效。

（4）1963 年，勒内・拉科斯特的长子贝尔纳・拉科斯特（Bernard Lacoste）接任公司总裁一职。

（5）1993 年，与合作伙伴 DEVANLAY 公司重新签署全球生产合同，规定到 2012 年 6 月 30 日之前，全球范围内 LACOSTE 服装的生产由 DEVANLAY 公司独家代理。同时与 DEVANLAY 公司签署关于 LACOSTE 服装在法 \ 德销售的新合同，合同有效期至 2012 年 6 月 30 日。

（6）1998 年 3 月 16 日，LACOSTE 服装全球生产商 DEVANLAY 公司被 MAUS 家族和 LACOSTE 公司共同收购，他们分别拥有 90% 和 10% 的股份。由此，MAUS 家族也以 35% 的股份成为 LACOSTE 公司的小股东，剩下 65% 的股份仍然由拉科斯特家族掌控。

图 1.14-1 LACOSTE 品牌 Innersect 展示

图 1.14-2 LACOSTE 品牌店铺

（7）自 1999 年 7 月 1 日起，LACOSTE 将预定于 2012 年 12 月 31 日截止的 LACOSTE 品牌服装全球经营许可授予 DEVANLAY 公司，并于 2000 年 3 月将许可有效期延长至 2025 年。该协议涵盖所有 LACOSTE 服装产品的设计、生产、销售和宣传。此举旨在加强 LACOSTE 公司在以下方面的作用：

· LACOSTE 品牌商标的注册和保护；
· 市场需求调研；
· 产品开发、销售、市场营销的目标确定、方式更新和管理；
· 品牌对外宣传战略、广告形象发展战略、全球市场拓展战略；
· LACOSTE 全球经营活动的调控；
· 新计划的制定和实施。

（8）2005 年 6 月，La Chemise Lacoste 更名为 LACOSTE。

（9）2005 年 8 月 31 日，Michel Lacoste 被 LACOSTE S.A 董事会任命为 LACOSTE 董事长。贝尔纳·拉科斯特因病辞职后，Jean Claude Fauvet 和 Marc Lumet 继续担任总经理职务。贝尔纳·拉科斯特在 40 余年间成功领导了集团，被任命为 LACOSTE 荣誉主席。

（10）2011 年，LACOSTE 品牌推出了全新产品线 LACOSTE L!VE（LACOSTE LIVE），向年轻、前卫、现代的消费受众重新诠释品牌的标志性形象。

（11）2017 年，LACOSTE 宣布著名网球选手诺瓦克·德约科维奇出任其全球品牌代言人，续写品牌传奇。

品牌历程

经过 90 余年的不懈奋斗，勒内 · 拉科斯特、贝尔纳 · 拉科斯特和 Michel Lacoste 三代人将“LACOSTE”从一名著名网球运动员的绰号蜕变为一个系列完整、覆盖面广、授权系统的国际著名运动服装品牌（图 1.14–1、图 1.14–2）。

（1）1927 年，勒内 · 拉科斯特夺得戴维斯杯，名扬天下。

（2）美国报界给了他“LACOSTE（鳄鱼）”的绰号，有了 LACOSTE 品牌的雏型。

（3）勒内 · 拉科斯特比赛服绣有 LACOSTE 标志，使 LACOSTE 标志家喻户晓。

（4）1933 年，勒内 · 拉科斯特与投资人合作创建了 LACOSTE 公司，主推 LACOSTE 标志 POLO 衫等产品，奠定品牌的 LACOSTE 基因。

（5）通过一系列的人事变迁和资产重组，勒内 · 拉科斯特及其后人成功地将“LACOSTE”绰号再造成为一个具有国际影响力的运动休闲服饰品牌。

（6）面向年轻、前卫、现代消费者的全新产品线 LACOSTE L!VE 的推出，以及诺瓦克·德约科维奇出任全球品牌代言人，将推动 LACOSTE 品牌持续发展。

分析解读

在品牌创建与经营管理过程中，以 LACOSTE 为品牌基因，挖掘其内涵，使品牌形象、品牌价值、品牌授权、品牌传播等相得益彰。

（1）在现实生活中，鳄鱼形象具有强大、凶猛、珍贵的特质，赋予 LACOSTE 品牌以强势、坚毅、财富的象征。

（2）“LACOSTE”绰号体现了勒内 · 拉科斯特在网球运动中决不轻言放弃的坚毅精神。勒内 · 拉科斯特将 LACOSTE 精神符号化——LACOSTE 绣标。

（3）在 LACOSTE 公司经营运作中，勒内 · 拉科斯特以卓越的胆识成功缔造了 LACOSTE 休闲运动帝国。

参考文献

[1]LACOSTE 官网 . LACOSTE，一个经典传承的品牌 [OL].[2019-03-18]. https://www.lacoste.com.cn/lacoste-history.html.
[2]（美）卡罗 · 柴普曼，苏珊 · 图力恩 . 品牌 DNA[M]. 北京：化学工业出版社，2017.
[3] 杨曦沦 .CEO 品牌之道——源于心，成于行 [M]. 北京：华夏出版社，2007.
[4] 赵雪章编译 . 彼得 · 德鲁克管理思想全集 [M]. 北京：中国长安出版社，2006.

2

策略篇

产品

价格

渠道

促销

产品 · 产品品类

副牌 / 产品线

产品创意 / 研发

产品价值

关联产品

品牌维权

产品工艺

2.1 副牌／产品线案例

Y-3 跨界合作——传统运动品牌走入流行的行列

“2000 年左右，我觉得时尚很无聊。有时候我去街上晃一晃，见不着一个人穿我设计的服装，那种感觉很孤独。同时，我在纽约看到一些商人在工作日用运动鞋搭配西装。这种奇怪的混搭很有魅力，也给了我灵感。这也是 Y-3 能诞生的原因之一，Y-3 的诞生也反映了时代精神，我们制造了一些前所未有的东西。”

“我在巴黎、纽约、北京或上海时，我注意到人们穿着很丑的运动套装。这些服装使用便宜的布料，再把颜色混合在一起。这让我看起来真痛苦。我需要一些有活力的设计，这就是我制作 Y-3 的动机，我想让运动装更优雅和时髦。”

——山本耀司（Yohji Yamamoto）

营销知识点

1）品牌延伸

品牌延伸（Brand Extensions）是指利用现有品牌名进入新的产品类别，推出新产品的做法。品牌延伸能够让企业以较低的成本推出新产品，因而它成为企业推出新产品的主要手段。品牌延伸不仅扩展了新产品或产品组合，而且还包含品牌情感诉求的扩展。不应只看到品牌的市场影响力对新产品上市的推动作用，而应该分析该产品的市场与社会定位是否有助于品牌市场和社会地位的稳固，两者是否兼容。

2）合作品牌

合作品牌（Co–Branding）：指两个公司的品牌同时出现在一个产品上，这是

图 2.1-1 Y3 品牌店铺、Logo 及设计师

一种伴随着市场激烈竞争而出现的新型品牌策略，它体现了公司间的相互合作。一种产品同时使用企业合作的品牌是现代市场竞争的结果，也是企业品牌相互扩张的结果。使用品牌策略最大的优点在于合作双方互相利用对方品牌的优势，提高自己品牌的知名度，从而扩大销量额，同时节约了各自产品进入市场的时间和费用。

3）跨界合作

跨界合作（Crossover）：本意是“跨界”“跨越”“超越”“交叉”“融合”，随着时代的发展和合作的逐渐深入，跨界合作逐渐被指代为两种不同类事物的混合与交融。跨界合作对于一个品牌最大的益处是让原本毫不相干的元素相互渗透、相互融会，从而给品牌一种“立体感”和“纵深感”。

案例呈现

在运动用品中融入时装元素，最早开始这种跨界合作的运动品牌并不是阿迪达斯（Adidas），而是曾与之有着血亲关系的另一品牌彪马（Puma），它大胆尝试与各种品牌合作，跑车、赛车、拳击……风格大胆的彪马，席卷了世界每个角落（图 2.1–1）。

也许正是受彪马的启发，2001 年阿迪达斯希望在其运动鞋中加入时装元素，于是邀请日本著名设计师山本耀司来设计，结果山本耀司为阿迪达斯设计的 5 万双 Yohji Yamamoto for Adidas 在上市几天内销售一空，如此好的市场表现让他们对这种合作有了更深的思考。

在运动鞋售空之后，阿迪达斯对市场进行了深入的调查研究，他们发现当时在运动服饰和时装之间有一片很大的空白地带，而彪马的成功也证实了这个市场的潜力。具体到消费人群，的确有这样一个群体，他们追求时尚、个性，喜欢尝试新鲜事物。

2002 年，阿迪达斯和山本耀司重新定位运动时装，推出了一个新的品牌——“Y–3”。这其中排在前面的 Y 代表山本耀司，排在后面的 3 代表阿迪达斯经典三道杠。2006 年，阿迪达斯与山本耀司就旗下品牌 Y–3 系列的下一步合作事宜进行了协商，双方决定将合作合同延长。

2009 年，山本耀司公司宣布破产，然而山本耀司依然作为设计师出现，并为其品牌服务。之后，Y–3 品牌陆续推出武士鞋旋风（Qasa 家族）、重释街头风尚（Kyujo 家族）、NOCI 0003 等各系列……依然保持着自己运动时尚品牌的独特地位。

品牌延伸

“朴实与冷静是 Y–3 的基本形象概念，Y–3 的时尚本质是运动的，”山本耀司说，“Y–3 是我注入个人灵感的品牌。我把我对时装的情感和直觉都放在了这个品牌里。”

“时尚运动”的定位对当时的服装市场是全新突破，Y–3 迅速在时尚界流行开来，麦当娜等一批超级巨星就是最早发现和选择 Y–3 的人群。被誉为“黑色魔法师”的山本耀司使传统运动品牌阿迪达斯赫然跃上了时尚杂志的版面，运动装从此也登上大雅之堂。在舞蹈潮流的影响下，山本耀司与阿迪达斯总部品牌设计总监迈克尔·米夏尔斯基（Michael Michalsky）合力推出了一组独特的 Y–3 设计新款。从纽约的迪斯科到优雅的阿根廷探戈，Y–3 以它特殊的理念将服装、鞋类和饰品做了全新的阐释。

一场著名传统运动品牌和知名时尚设计师的“联姻”为何能取得成功?

分析解读

Y–3 诞生的基础是对潜在细分消费者市场的发现。在人们传统的思维中，运动服装与时尚服饰是完全不搭界的。运动服装设计师们总是将眼光着眼于运动场，只考虑运动时的舒适与方便，从不在款式、颜色搭配上多做思考。时尚设计师大多也只从人体曲线的呈现度上下功夫，他们知道怎么让着装者看起来更美，却很少考虑到运动的问题。但运动者和时尚人士并不是割裂的，运动也是一种时尚。

然而发现潜在细分市场不代表就可以成功进入这一市场。阿迪达斯作为拥有七十年历史的传统运动品牌，长期定位于功能、实用、价格中档，当它力图跨入另一时尚运动市场即中高档市场时，需要借助外界的时尚力量说服消费者。山本耀司正是这样一位在时尚界有巨大影响力的设计师。阿迪达斯通过与山本耀司推出 Yohji Yamamoto for Adidas 产品线的成功合作，验证了细分市场的巨大潜力，使其有信心开展深度合作，共建 Y-3 品牌。

阿迪达斯在推出 Y-3 品牌之后，不仅通过 Y-3 吸引了一批年轻的时尚潮人，也证明了传统品牌也可以走时尚路线，从而为主牌阿迪达斯的传统形象带来了新的活力。

参考文献

[1] 山本耀司品牌官方 . Mario valentino 品牌介绍 [OL]. https://www.yohjiyamamoto.co.jp/.

[2] 霍莉・沙克尔顿（Holly Shackleton）. there are no rules: how yohji yamamoto is taking y-3 to the next level [OL]. [2016-06-01]. https://i-d.vice.com/en_uk/article/pab9xn/there-are-no-rules-how-yohji-yamamoto-is-taking-y-3-to-the-next-level.

[3] 山本耀司，宫智泉 . 做衣服：破坏时尚 [M]. 长沙：湖南人民出版社，2014.

[4] 山本耀司，满田爱 . 山本耀司：我投下一枚炸弹 [M]. 重庆：重庆大学出版社，2014.

[5] 田口淑子 . 关于山本耀司的一切 [M]. 桂林：广西师范大学出版社，2016.

2.2 产品创意案例

LOUIS VUITTON 的产品灵感源泉

产品是品牌的生命线。品牌产品的创意灵感来源是多渠道的。如何持续获取流行设计元素始终是时尚品牌参与市场竞争的核心课题。本案以 LOUIS VUITTON 百年时尚产品创新为例，掌握产品创意灵感来源的核心技术——获取流行设计元素的基本渠道和一般方法。

营销知识点

本案以“事业理论”“产品创新理论”“流行预测技术”为知识点。希望通过由整体到局部的知识介绍，能清楚表明一个重要理念：经营者或设计师只有统一思想，明确品牌的业务、客户和客户认知的价值，面对多变的市场，善于积累经验、掌握技能、缜密思考、检验设想和大胆实施，品牌产品才有可能在竞争激烈的市场中胜出。具体知识点如下：

1）经验主义学派的“事业理论”

（1）基本思想：每一个组织，无论其是否为商业性的，都会形成自己的事业理论。一个清晰、一致、目标集中的事业理论是无比强大的。

（2）三大问题：“你的业务是什么？谁是你的客户？客户认知的价值是什么？”是深刻阐明“事业理论”的三个著名问题。

（3）三个假设：假设一是组织对其所处环境的假设，社会及其结构、市场、客户和技术，即外部环境的假设决定了公司的利润来源；假设二是组织对其特殊使命的假设，即公司使命的假设决定了哪些结果在公司的眼中是有意义的；假设三是组织对其完成使命所需的核心竞争力的假设，即核心竞争力的假设说明公司为了保持自己的领导地位所必须具备的特长。

（4）理论特点：特点一是环境、使命和核心竞争力的假设都必须是符合现实的；特点二是三个方面的假设必须相互协调；特点三是事业理论必须为整个组织内的成员所知晓和理解；特点四是事业理论必须不断经受检验，任何一个事业理论必须具有自我革新的能力。

2）产品创新理论

1996 年，英国著名管理学家贝思·罗杰斯（Beth Rogers）出版一本名为《产品创新战略》的专著，为激发产品创意方法，形成新产品构想，提供了全新视角和工作流程。产品创新的核心要点如下：企业的新产品战略要有创造性。所谓的创造性是指人类描绘新生事物蓝图的思维过程，是一个新设想诞生的过程，而革新是指将优选方案转化为产品的过程，两者并不等同。贝思·罗杰斯认为有创造性的人是独立的、能够打破思维定势的，他们为人乐观，喜欢幽默也善于幽默。创造型人才对事情不贸然下结论，他们为人乐观，喜欢想象，能面对事物的多元化而且思考缜密，其中最杰出者还善于检验自己的设想并做好一切准备把设想坚持不懈地付诸实施。

3）流行预测技术

（1）感知（Awareness）：感知能力的发展，要使生活中各种动作、想法的每一方面达到全盘敏感察觉的地步，不论这些想法有多模糊、复杂。正如用来测量地震方向、强度与持续时间的地震仪一样，经过仔细规划编写的研究过程也能侦察到流行世界的震荡起伏。消费者的每一个心愿、期望与需求都必须考虑在内。

（2）洞察力（Insight）：洞察力意指能贯穿表面直达问题核心的理解能力。洞察力不同于直觉，它能清楚划分各种模糊的界线，进而带来某些跨越年龄、时代、季节、尺寸、价格、阶层或性别藩篱的商品。

（3）诠释（Interpretation）：诠释即通过引介其他想法，突显问题的可能解答，进而对看似模糊的关系及其效果加以解释的能力。预测工作者经常被要求从各种信息来源推测未来趋势，并指明其中的共同要素。

（4）客观性（Objectivity）：预测工作者必须有感知各种人、事、物的能力，并能不受个人的预期结果影响。由于流行对所有男女而言攸关自己的个人特色和魅力，因此评判的能力必须超越自我与个人观感。

案例呈现

LOUIS VUITTON 品牌的产品创意灵感来源由八大渠道构成：

1）从材质知识中获取

（1）路易·威登的父亲总是在小憩的时候传授他磨坊的手艺。他把每种木头的特性、使用价值以及耐用性告诉路易·威登。

（2）1835 年，路易·威登几乎身无分文地离开了家乡，前往 400 公里外的巴黎。路易·威登沿途靠打零工填饱肚子。其间，他报名参加了砍伐森林和整理灌木的工作，意外地丰富了其对木质的了解。

2）从工作环境中获取

在巴黎，路易·威登从马歇尔（19 世纪早期，经营着巴黎一家有名的箱子店铺，为贵族富人外出旅行定制木箱和行李打包）的客人那里如饥似渴地获知在拉芒什海峡另一边展出的新鲜事物。倾听、谈论、了解，路易·威登急切想知道各个领域的新的发展和需要。

3）从时尚知识中获取

1856 年冬天，与布锡考特同具盛名的格扎维尔·吕埃勒开了一家名叫市政厅百货店的店铺。名流贵族们经常光顾那里，购买各式各样的商品：扇子、篷式汽车、面纱、面具、长袜、斗篷、手套、遮阳伞、帽子等。每天晚上，艾美丽（路易·威登的妻子）都向路易·威登描述巴黎城内的新鲜事。而且，路易·威登每天都跟艾美丽一起看时尚杂志，比如《贵妇人》和《贵族小姐》，得以了解时尚的走势，杂志上的插图时不时激发起他的创作灵感，特别是那些有他制作的箱子的图片。

4）从相关专业中获取

1873 年冬季的一天，在路易·威登的建议下，乔治·威登穿戴整齐，几个小时以后，父子俩出现在和平大街 7 号，前来拜访查尔斯·弗雷德里·沃斯（Charles Frederick Worth）。沃斯的公司也在战乱中深受其害，有太多的东西需要弥补，像路易·威登一样，沃斯要改变生意策略，跟上时下新的流行趋势，扩大客源。路易·威登也认同旅游的服装将是时尚的潮流，也就是对穿着优雅的要求，不仅要漂亮，而且要实用，还要适合旅行。沃斯告诉路易·威登，他在设计一些更实用的裙装样式，比如适于旅游、骑马或是散步的更短一些的裙子。在交谈中，沃斯预言今后的材料会更柔软。这个信息对路易·威登非常重要，如果服装变得更柔软，那么它们将更容易折叠，更容易堆放，更容易整理，将不再需要特别的行

图 2.2–1 1898 年 LOUIS VITTON 的产品挂图广告

李打理。旅行箱将包容更多的东西，这表明行李箱内部的设置和调整需要尽快改善以适应这个变化（图 2.2–1）。

5）从艺术作品中获取

人们对爱德华·马奈（Edouard Manet）的《草地上的野餐》争论不休。这幅画描述的是一个裸体和一个半裸的女人与两个穿戴整齐的男士在草地上用餐，人们对此震撼不已，从来没有一位画家敢赤裸裸地如此表现，人们甚至认为应该将马奈送进监狱。路易注意到画中左下角装午餐的篮子，于是他的脑海中涌现出设计野餐箱子的念头。

6）从销售卖场中获取

路易·威登经常造访服饰专柜和配饰柜台，以便跟上时尚的潮流，了解顾客的需求。

7）从客户需求中获取

路易·威登仔细地听着探险家说的每一句话，考虑到探险者对所带物资的限制，路易·威登向布拉扎推荐一种体积小的行李床。之后，路易·威登立即设计并反复修改，最后向布拉扎示范了这个露营床的承受力，这个由木头和金属连接的框架上面是方格网状舒适的床垫。这些都内置于天然羊毛色和咖啡色相间的条纹帆布行李箱中。布拉扎很是惊讶，路易·威登竟能如此理解一个探险者的需要。

8）从竞争对手中获取

路易·威登对英国的同行保持着警惕，而这些英国的同行也很关注他的一举一动。他们推出专利产品——全皮行李箱，全皮革的质地、纸板支撑，以匹敌路易·威登的白杨木行李箱。这种全皮行李箱的重量很轻，而且制造成本也特别低，这款行李箱甚至在法国也卖得非常好。这对恢复期的LOUIS VUITTON公司冲击不小，而几个月后在各大百货商场橱窗里出现的更轻的柳条支架的行李箱对路易·威登又是当头一击。路易·威登对这款柳条支架行李箱并不看好，认为它既不坚固，下雨天也不能保护好衣物，还不能防潮防尘，甚至都不能防盗。所以LOUIS VUITTON从不生产这种行李箱，尽管它非常受欢迎。

创意效应

以法国文化为背景，以消费者需求为出发点，以品牌定位为原则，以市场转型为契机，以流行元素为内容，以产品品质为根本，LOUIS VUITTON品牌成功地践行了一个国际顶级品牌的产品创意研发“由小变大、由弱变强、由单一变综合”的历史演变。这是产品创意的胜利，也是品牌成功的基础。

一个半世纪以来，路易·威登靠什么力量指引他在产品开发中不间断获取创意的设计灵感？路易·威登用什么方法来选择并使用所获取的流行信息？虽说LOUIS VUITTON品牌不可复制，但是这并不妨碍我们借鉴其在产品创意灵感获取方面采用的有效方法。这也是我们学习本案的目的所在。

分析解读

时尚产业是一个对人、事、时、地、物具有高度敏感性的市场竞争激烈的产业。1837年秋，年仅16岁的路易·威登幸运地遇到了生命中有着重要意义的人——马歇尔先生。在马歇尔先生不自觉的引领下，路易·威登不仅步入巴黎上流生活圈，而且为路易·威登提供并建立了代表法国文化精髓的巴黎上层社会的流行信息情报源网络。善于学习，勇于决断的路易·威登始终能敏锐捕捉所获取的点点滴滴流行情报和相关信息，并借助自己的洞察力将其适时转化为未来品牌产品的核心竞争力。

今天，任何一位时尚产业的专业工作者，要时刻提醒自己是否已经建立了属于自己的流行情报采集网？是否已经形成属于自己的“事业理论”？是否有效采用了包括感知力、洞察力、诠释和客观性技术的流行预测工具？

参考文献

[1]（法）博维希尼著．路易·威登——一个品牌的神话[M]．李爽译．北京：中信出版社，2006.
[2]方振邦．管理思想百年脉络[M]．北京：人民大学出版社，2007.
[3]（美）Rita Perna．流行预测[M]．李宏伟等译．北京：中国纺织出版社，2000.

2.3 产品研发案例

全球产品研发系统——UNIQLO 研发具有吸引力的基本休闲服装

服装产品研发就是研发人员在保证利润的前提下，创造性地、有效地解决产品开发的问题。本案例中的 UNIQLO 品牌依托其母公司日本迅销股份有限公司的全球产品研发系统，卓有成效地开发了涵盖休闲服装各品类的基本休闲服装产品，并在零售市场上取得了骄人业绩。

营销知识点

（1）产品研发的过程是一系列活动的整合，这一整合包括了从最初的产品外观构想，到市场分析定位、市场开发、技术实现、研发生产计划以及确保各项计划有效落实的设计管理等诸多方面的内容。有时，甚至还要包括制定新产品的市场发售渠道、推广宣传等计划。

（2）系统是由一些相互联系、相互制约的若干组成部分结合而成的，具有特定功能的一个有机整体（集合）。我们可以从三个方面理解系统的概念：系统是由若干要素（部分）组成的；系统有一定的结构；系统有一定的功能或者说系统要有一定的目的性。系统在实际应用中总是以特定系统出现的，其前面的修饰词描述了研究对象的物质特点，即“物性”，而“系统”一词则表征所述对象的整体性。

案例呈现

UNIQLO 品牌的母公司为日本迅销股份有限公司，UNIQLO 是其核心品牌。2005 年秋，迅销建立了一个全球产品研发系统，该系统在主要的时尚城市东京、纽约、巴黎和米兰都设立了时尚中心。从 2006 年秋冬季开始，研发系统向市场投放其设计的服装（图 2.3–1）。

UNIQLO 通过全球产品研发系统推出的一个典型的优势产品就是紧身牛仔裤，它能紧密贴合穿着者的腿部曲线。中心研发人员不遗余力地设计合适的轮廓，认真选择最好的材料，这些努力得到了回报，这些紧身牛仔裤投放到市场上后，2007 年售出超过 400 万条，并且在消费者的脑海中总是把紧身牛仔同 UNIQLO 联系起来。

UNIQLO 通过全球产品研发系统汲取在材料方面的技术来发展羊毛、“热技术”和其他原有的产品。在“Heat Tech”内衣方面，研发人员一直在与战略合作伙伴日本东丽工业公司合作，并且推广“Heat Tech Moist”系列，产品不仅具有高耐热性能和很好的延伸性，还改进了水分保持性能。

市场效果

UNIQLO 成为在每个休闲服装品类中固定存在的品牌，在牛仔裤市场，UNIQLO 正在成为一个固定的品牌，此外，当客户考虑羊绒服装时，会考虑到 UNIQLO，T 恤衫也是这样。

UNIQLO 的服装主要是那些风格特定的、穿在身上很具有吸引力的，而不仅仅是那些在商店里陈列出来才具有魅力的服装。

全球产品研发系统使用后，迅销的经营业绩大幅提升，2008 财务年度（2007.9.1 ~ 2008.8.31）销售额 5864 亿日元，年度增长率 11.7%，利润总额 874 亿日元，增长率 34.7%，净利润 435 亿日元，增长率 37.0%。

UNIQLO 品牌大中华区在 2017 财务年度中创造了创纪录的业绩，收入为 3464 亿日元，营业利润为 501 亿日元，增长 37%。

在 2018 世界品牌 500 强排行榜中，UNIQLO 品牌排名第 168 位。

分析解读

全球产品研发系统在东京、纽约、巴黎和米兰设立四个时尚中心，研发人员确定世界流行趋势和潜在需求，决定本季产品的概念，然后同时在每个中心创造设计，并从这些设计中做挑选，组织安排适合不同市场的产品系列。

图 2.3-1 UNIQLO 品牌店铺

UNIQLO 致力于发展国际业务时，其品牌优势在于设计基本的休闲服装。对于关系到发展趋势和潜在客户需求的产品开发，重视每季演变的基本款，甚至对于标准款，仍然坚持毫不妥协地改进材料和细节，从而为每一款产品注入新生命，并由此形成 UNIQLO 的核心竞争力。

迅销股份有限公司全球产品研发系统的构筑解决了构成要素（四个时尚中心）、结构与功能的有机关系，系统的运行则依照服装产品研发流程达到了预期的效果。

参考文献

[1] Fastretailing 股份有限公司．改变服装、改变常识、改变世界 [OL]. [2019-01-27]. https://www.fastretailing.com/tc/.

[2]（美）Kevin N Otto, Kristin L Wood. 产品设计 [M]. 齐春萍等译．北京：电子工业出版社，2006.

[3] 科普中国·科学百科．系统 [OL].http://baike.baidu.com/view/25302.htm.

[4] 世界品牌实验室，ICXO.COM .2018 年《世界品牌 500 强》排行榜 [OL]. [2018-12-18]. http://www.worldbrandlab.com/world/2018/.

2.4 产品价值案例

Air Jordan——
引领运动鞋的辉煌 20 年

1972 年，Nike 鞋正式上市，当年销售收入 320 万美元，接下来的 10 年中，Nike 公司赢利年年翻番。到了 1980 年，Nike 成为美国体育行业的领头羊。只用了 8 年的时间，Nike 就实现了在美国打败传统鞋品牌阿迪达斯（Adidas）的梦。1980 年，Nike 公司股票上市。

1983 年春天，Nike 创始人菲尔・奈特（Phil Knight）到中国长时间旅行，走之前决定让老员工鲍伯・伍德尔（Bob Woodell）负责公司经营。然而没过几个月，慢跑热退潮，有氧运动兴起。消费者对运动鞋市场的选择发生了变化。鲍伯・伍德尔无视这一潮流，继续把重点放在跑步鞋和篮球鞋市场上。结果被行业新贵锐步公司（Reebok）抓住了新市场，超过了 Nike。Nike 鞋库存品大量积压，营业额下降了 6%。1984 年秋天，菲尔・奈特回到公司重整旗鼓，伍德尔等元老离开公司。

营销知识点

1）产品价值

产品价值（Product Value）：产品价值是由产品的功能、特性、品质、品种与式样等所产生的价值 。它是顾客需要的中心内容，也是顾客选购产品的首要因素，因而在一般情况下，它是决定顾客购买总价值大小的关键和主要因素。产品价值是由顾客需要决定的。

2）产品附加价值

产品附加价值（Product Added Value）：是在产品原有价值的基础上，通过生产过程中的有效劳动新创造的价值，即附加在产品原有价值上的新价值，附加值的实现需要与有效的营销手段进行联接。由于产品创造并满足了客户更高层次的需求而使企业获得的超额回报。也即消费者为得到产品或服务而付出的价钱与企业为产品付出的成本之间的差值就是附加值，差值越大，企业获得的附加值越高。

3）品牌传播

品牌传播（Brand Communication）：是指企业告知消费者品牌信息、劝说购买品牌产品以及维持品牌记忆的各种直接及间接的方法。品牌传播的最终目的就是要发挥创意的力量利用各种有效发声点在市场上形成品牌声浪，有声浪就有话语权。传播是品牌力塑造的主要途径。品牌传播是企业满足消费者需要，培养消费者忠诚度的有效手段。

案例呈现

Nike 在菲尔·奈特领导下采用明星代言的形式后扭转了危机。虽然明星代言并非新鲜事物，然而 Nike 采用了在当时与众不同的举措。

1984 年，Nike 与乔丹签定了一份 5 年合同，给乔丹的条件还包括赠予 Nike 的股票，以及以前所未有的礼遇——推出 Air Jordan 系列篮球鞋。乔丹的总价值合计高达每年 100 万美元。这个价目是阿迪达斯或匡威开出的价钱的 5 倍。这两家企业都认为乔丹不过是个产品代言人而已，却没想到他会成为一个市场战略和整个运动鞋、运动服生产线的核心。《财富》杂志也曾刊登过一篇醒目报道，认为就 Nike 当时的财务状况，签定这么个合同实在是个大错。

图 2.4-1 Air Jordan 的标志

品牌价值

图 2.4-2 第一双 Air Jordan 篮球鞋

1985 年，乔丹穿着第一双 Air Jordan 鞋——一双红黑相间的球鞋出现在了 NBA 的赛场上。由于这双鞋与全队的服装不协调，NBA 联盟因此对乔丹开出了罚单。Nike 因此前后支付了百万的罚款，却借机宣称 Air Jordan 被禁是因为其“革命性的设计”，从而使 Nike 和 Air Jordan 登上了无数报刊的封面头条。人们蜂拥去购买，1985 年 Air Jordan 篮球鞋的销售额就达到了 1.3 亿美元。到 1986 年 9 月，Air Jordan 篮球鞋已售出 230 万双。

在为这款鞋拍摄的广告中，乔丹以慢镜头将篮球扣进篮筐，广告的解说词是:“谁说他不是在飞！”这则广告为乔丹树立起了“空中飞人”的称号。自此形容的乔丹“飞人”一词传遍全球（图 2.4–1、图 2.4–2）。

结果证明，这个合同是个完胜的交易，这在很大程度上要归功于公司与乔丹的合作，结果超出了许多人的预想。乔丹对 Nike 的影响是巨大的，乔丹身上凝聚了活力、声望、高超的竞技水平和令人振奋的体育精神，使 Nike 得以跨出跑鞋的圈子，在美国刚刚开始盛行的篮球运动上大做文章。几乎一夜之间，即使不从销量上看，Nike 也成了高档篮球鞋的主导产品。

在随后的数十年间，即便在乔丹退役之后，Air Jordan 已经成为 Nike 最成功的一个系列，一直推出到如今的第 XXXIII 代，已然成为了篮球鞋中的无愧王者，将 Nike 的球鞋文化推向了一个顶峰。

虽然最终结果表明这是一个非常成功的合作，然而在签订合同的当时，Nike 为乔丹开出了 5 倍于竞争对手的加码时被人们公开批评这是巨大的错误。Nike 是如何考虑与乔丹的合作关系的？考虑过合作风险么？如何控制风险？

Nike 与乔丹的合作堪称运动品牌发展中的一个重要里程碑，它不仅仅用明星代言品牌，而且推出了 Air Jordan 系列，那么，Air Jordan 系列与普通 Nike 产品在产品价值上有差异么？

分析解读

不同于当时简单的产品赞助手段，而将乔丹视为重要的营销合伙人。Air Jordan 篮球鞋是整个 Nike 与乔丹合作过程中的点睛之笔。它使得乔丹在 Nike 所担当的角色已经远大于一个普通的形象代言人，更多的是营销合作伙伴的角色，根据双方的合同，乔丹不仅将获得 Nike 的股票，还将从每一双“Air Jordan”篮球鞋中提成。同时它也使得 Nike 不仅仅是乔丹的球鞋赞助商，而是塑造出了 Air Jordan 形象的幕后推手，并使得迈克尔·乔丹成为 Nike 的符号标识。

每年 100 万美元的合同对于当时的 Nike 是一种冒险，为了将风险降到最低，Nike 公司在合同中列入了这样一些条款："如果在签约后 3 年内，乔丹不能进入全明星队及全 NBA 最佳阵容这一双重标准——公司有权中止制造 Air Jordan。即使乔丹能够做到上述条件，但如果到了签约的第三年，这种鞋的销售收入还没有超过 300 万美元，公司仍然有权中止生产这种鞋。"结果当年 Air Jordan 鞋的销售额就达到了 1.3 亿美元。

Nike 与乔丹合作推出 Air Jordan 鞋不仅仅是对 Nike 品牌推广的一种策略，而且增加了产品在消费者心目中所具有的价值，即产品附加价值，使得 Air Jordan 鞋售价要大大高于普通 Nike 运动鞋。附加价值的存在可能使公司只需要提供少量的产品或服务便可获取较多的利润。

参考文献

[1] Air Jordan 官方网站 [OL]. 2019-04-01. https://air.jumpman23.com.cn/.

[2] MICHAEL JORDAN 在 THE LAST DANCE——最后之舞中最令人印象深刻的球鞋 [OL]. 2020-05-15. https://air.jumpman23.com.cn/card/the-most-memorable-shoes-worn-by-mj-in-the-last-dance/.

2.5 关联产品案例

Cintas 关联产品创造企业发展的神话

任何企业的生存与发展都与整个社会的宏观经济息息相关，服装企业也是如此。Cintas 集团自从 1929 年成立以来，经历了美国经济起起落落几个轮回，却始终对恶劣的经济环境保持“免疫力”，实现持续成长，最终成为行业老大。其秘诀在于发挥企业的核心竞争力，专注于自己的拳头产品——企业识别服的开发与研制。通过垂直一体化控制企业识别服（制服）的设计、生产、租赁、销售、清洗的每一个环节，并针对各行业特点，研发出符合各行业特别要求的工作制服，将这一细分市场做精做强。在通过一系列的收购活动扩大企业规模的同时，适时地推出多元化发展战略，从满足企业客户全方位需求的根本点出发，将业务扩展至卫生间清洁用品、防火设备、文件管理、急救与安全设施等领域，以关联产品打造核心竞争优势，创造企业发展的神话。

营销知识点

1）多元化经营战略

多元化经营战略（Strategy of Diversification）指企业尽量增加产品大类和品种，跨行业生产经营多种多样的产品或业务，充分发挥企业特长，利用企业的各种资源，提高经营效益，保证企业的长期生存与发展。多元化经营战略可依据专业化比率、关联比率和垂直统一比率，分为垂直型、专业型、本业中心型、相关型、非相关型五种类型。

其中与本案例相关的有垂直型和相关型多元化经营战略。某种产品的开发与生产，往往只取从原材料生产到最终产品销售整个系统中的一个阶段，而每个阶段都有其完整的生产体系。垂直型战略（或称“垂直一体化”）就是或向上游发展，

图 2.5-1 CINTAS 集团

或向下游渗透。

相关型多元化战略指的是企业专业化比率低而关联比率较高的多元化战略，一般来讲，多元化战略的核心是经营资源。实行相关型多元化战略就是利用共同的经营资源，开拓与原有事业密切相关的新事业。现代社会很少有企业只提供单一产品和服务，严格来讲，绝大多数大企业都是相关多元化企业，它们的产品大都或多或少具有相关性。

2）核心竞争力

核心竞争力（Core Competitiveness）又称“核心（竞争）能力”（Core Competence）、“核心竞争优势”（Core Competitive Advantage），指的是组织具备的应对变革与激烈的外部竞争，并且取胜于竞争对手的能力的集合。

核心竞争力是企业竞争力中那些最基本的，能使整个企业保持长期稳定的竞争优势、获得稳定超额利润的竞争力，是将技能、资产和运作机制有机融合的企业自身组织能力。现代企业的核心竞争力来自于三个方面，即企业所处的产业环境（外部条件）、企业拥有或控制的战略资源和持续性创新。

真正能够给企业带来持久竞争优势的是企业各项活动的协调或“关联”，换句话说，企业创造出独特的“关联”，比单纯某一项活动的创新更为关键。

案例呈现

1）制服的设计、生产与销售

Cintas 集团是全球最大的企业制服供应商，20 世纪 50 年代开始开展制服的设计、生产与销售，帮助众多企业客户，包括赌场、酒店、餐厅等提升专业形象（图 2.5–1）。同时，Cintas 集团利用其多年来在职业工装领域内的专业特长，针对各行业的职业特点，开发出符合各职业操作要求的高技术含量的工作服，为奋战在生产第一线的建设者提供作业服、劳防服、防护服等职业工装，确保工人工作时的安全性与舒适感。Cintas 集团还为医务工作者、保安、仓库管理员等特别设计开发识别服，明白无误地向公众及同事传达穿着者的职业身份。

2）制服的清洗、保养与出租

Cintas 集团在经营过程中发现许多企业不愿自己进行繁琐的制服清洗、保养工作，而愿意将其外包给外部公司。Cintas 集团从中嗅出了商机，便增加了制服的清洗、保养、取送服务，由于承接多家企业的业务，形成了规模效应，有效地降低了成本，从而能够以较低廉的价格赢得更多客户，形成良性循环。20 世纪 60 年代，又开始制服出租业务，由于出租制服的使用寿命直接关系到公司的获利能力，公司率先推出涤棉混纺织物作为制服的面料，使得制服寿命延长一倍，并且更易于清洁。时至今日，Cintas 集团的制服租赁、清洗、保养等服务性业务已大大超越制服销售业务，成为集团的主要利润来源。

3）其他关联产品

在为企业客户的服务过程中，Cintas 集团发现企业对其员工与顾客的安全问题非常重视，由此推出了急救与安全业务——从急救柜到（电击）去颤器到防滑地垫，集团面向娱乐场所、超市等营业性企业推出一整套的急救与安全设施，确保其员工与顾客的安全，使员工能专注地工作，而顾客能放心地购物或娱乐。

2002 年，Cintas 集团推出卫生间用品业务，向娱乐场所、宾馆等行业提供洗手香皂、空气清新剂、卫生纸等产品，并提供打扫和清洁卫生间的服务。2003 年，集团推出文件管理业务，为企业客户提供文件的碎纸与保存服务，有效地保护了企业的机密及其顾客的隐私。同年推出防火业务，出售阻燃服装，安装、检查、维修手提式灭火器和火警及喷淋式灭火设备，还有应急灯。

关联效应

1983 年，Cintas 集团在那斯达克上市。2000 年，首次被《财富》杂志列为“美国最受尊敬的公司”之一，此后连续八年每年都获此殊荣。历经美国的数个经济周期，Cintas 集团的销售额和利润几十年来保持稳步增长。2018 财年销售额达 64.7 亿美元，员工人数超 4 万人。

它是那斯达克（Nasdaq）100 公司，也是标准普尔（S&P）500 指数的成份股。客户数超过 100 万，包括沃尔玛、好时巧克力、百事可乐、希尔顿饭店、默克制药、星巴克、DHL 等大企业。如今，集团已成为全球最大的企业制服供应商，也是全美第二大灭火设备供应商。Cintas 集团是享有极佳声誉的市场领导者，集团客户扩展到律师行、诊所、银行等，几乎涵盖经济社会的各个角落。被企业客户公认为可信赖的商业伙伴。

值得我们思考的是，如果 Cintas 集团在企业识别服行业获得阶段性成功后，将经营业务向其他服装类别扩展，如时装、休闲装或运动装，它还能取得今日的辉煌吗？

Cintas 集团是怎样针对其目标市场——企业客户的特点，挖掘和开发其潜在的需求，逐步扩展业务领域，创造出独特的“关联”产品与服务，从而为集团赢得持久竞争优势的呢？

分析解读

时装、休闲装或运动装从表面看来，和企业识别服一样，都是服装，但只要稍作深入分析，就能发现，从满足客户需要的角度出发，它们之间有着本质的区别。企业识别服的业务对象是企业客户，它的最终作用是为企业的经营效益服务；而时装、休闲装或运动装的消费者是个人，作用是满足个人在不同场合的穿着需求，它们和企业识别服在形式上接近，但有着内在的差别。作为企业的经营业务，在它们之间创造出所谓的“关联”，无疑会增加企业的协调成本，削弱企业的竞争优势。如果 Cintas 集团将经营业务向这些服装类别扩展，就不会有今日的辉煌了。

经济活动并不是静止不变的，随着产业的发展，新的市场机会也会不断涌现，比竞争对手更早地辨识新的商机，意味着企业比竞争对手多了一个获得竞争优势的机会。Cintas 集团以满足企业客户的全方位需求为出发点，透过现象抓本质，创造出有效益的“关联”，逐步扩大业务范围：设计、生产与销售制服——制服的清洗、保养、取送——制服租赁——地垫——急救与安全业务——卫生间用品业务——文件管理业务——防火业务。

集团和客户的伙伴关系不断加深与拓展，原来的制服租赁客户同时也成为集团的设备服务客户、文件管理客户、急救与安全业务客户。Cintas 集团将企业客户这一细分市场做精做强，进行关联业务的拓展，以规模经济和行业特色形成其竞争对手无法模仿的优势，从而经受住经济萧条的考验。不论时局好坏，都能始终立于不败之地。

参考文献

[1] Cintas 官方网站 [OL]. [2019-4-1]. http://www.cintas.com.
[2]（美）波特．竞争优势 [M]. 陈小悦译．北京：华夏出版社，2005.
[3] 莫少昆．企业战略决策——如何建立竞争优势 [M]. 上海：东方出版社，2007.

2.6 品牌维权案例

应对仿制者的 LOUIS VUITTON

为了生存或争夺竞争优势，仿制是不少时尚企业经常采用的一种低劣的不正当手段。这里既有法律边界问题，也有道德底线问题。如何与仿制者或仿制行为博弈，LOUIS VUITTON 品牌的维权之策值得我们借鉴（图 2.6–1）。

营销知识点

时尚流行的第二原则：时尚流行的样式与价格制定无关。时尚流行作为一种从众行为正日益渗透到社会各阶层。本原则说明这样一个事实：同一个时尚流行样式可以被不同层次的目标消费者所接受。这一点似乎为仿制找到了理论依据。

在大部分情况下，仿制本质是一种低成本的经济行为。我们可以用 N.G. 曼昆《经济学原理》中的原理四来解释仿制行为。经济学原理四是这样表述的——人们会对激励作反应，即由于人们通过比较成本与收益做出决策，所以成本或收益变动时，人们的行为也会改变。在曼昆看来，如果采用低成本的仿制而获得高收益回报会对仿制者产生“激励”，并通常会强化这种“仿制”的决策行为。只有当“仿制”受到法律制裁，且付出高于收益的代价，那么“仿制”行为才会改变直至终止。这一条原理为品牌如何维护其知识产权并防止仿制者侵权提供了可操作的法律武器。

决策理论学派的代表人物赫伯特·西蒙认为：由于组织处于不断变动的外界环境影响之下，搜集到决策所需要的全部资料是困难的，而要列出所有可能的行动方案就更加困难，况且人的知识和能力也是有限的，所以在制定决策时，很难求得最佳方案，出于经济方面的考虑，人们也往往不去追求它，而是根据令人满意的准则进行决策。具体地说，就是制定出一套令人满意的标准，只要达到或越过了这个标准，就是可行方案。这种看法，揭示了决策作为环境与人的认识能力交互作用的复杂性。站在赫伯特·西蒙的决策思想视角，我们似乎找到了另一种应对仿制行为的策略。这是学习本案的重点。

案例呈现

面对第一次仿制。路易·威登一直以来担心的事情终于发生了，他的设计遭到抄袭。乔治·威登回忆道："LOUIS VUITTON 的箱子风行于全世界，一个手艺不精的工头离开 LOUIS VUITTON 的作坊后认为他可以凭自己的手艺推出威登式的箱子，对他以前的老板构成真正的威胁。"这种剽窃行为震撼了路易·威登。他一向都很相信他的工人，那么以后他应该怀疑所有的人吗？路易·威登认识到必须对这种剽窃行为进行迅速反击。然而他选择的不是采用法律手段，而是推出新的款式。他开始寻找新的灵感。对于路易·威登而言，不仅仅要在同行中标新

图 2.6-1 LOUIS VUITTON 品牌店铺

立异，最重要的是要成为行业中的佼佼者。

面对第二次仿制。1876 年 LOUIS VUITTON 再一次遭遇盗版，不过路易·威登早有准备，立即推出一种新样式：保留条纹图案，但是宽度和色调都有所变化。新编织的帆布有两种深浅栗色交替的条纹，大概 1 厘米宽。路易·威登把这种图案在商务部进行了注册。新的行李箱立即占据了橱窗……

面对可能的背叛。① 回到斯克里布大街，乔治·威登很受打击，“东方特快”如同一把打开他内心深处的钥匙，他也想离开，离开法国，去国外生活，不再只做路易·威登的儿子，他想成为他自己。妻子约瑟芬给予了他很大鼓励，他梦想着建立自己的公司，但是这不可能，于是他想到在国外经营威登事业。② 乔治·威登去找父亲，他巧妙地向父亲解释现在斯克里布街的店面变得越来越小，应该考虑扩大，不要在法国本土实施扩建，考虑在国外的发展是明智之举。③ 路易·威登明确拒绝了儿子的提议。63 岁的路易·威登把资产卖给了儿子，不是为了 4 年后让他抛弃自己。两个人的立场完全对立。乔治·威登认为父亲不信任他，不了解未来的发展趋势，路易·威登则根本不予商量，并暗示乔治·威登，他不能容忍背叛。④ 父子俩已经有好几个星期不说话了。路易·威登试图抚慰儿子，把他带入自己的工作中。然而和儿子的激烈争吵让他很不安，尤其这场争吵让路易·威登得出了一个可怕的结论：LOUIS VUITTON 依旧需要他。他觉得儿子是想建立 VUITTON 专卖店，而不是 LOUIS VUITTON 专卖店，甚至有可能是 GEORGE VUITTON 专卖店。绝对不行。他看到一些工人在被老板批评后扔下手上的工具离开公司。他看到一些不正直的工头在学会了所有的制作技能后做起了自己的买卖，他本应该教训一下埃米尔·哈贝克，这个家伙曾经管理过路易·威登分公司，他后来竟试图用这个名字给自己挣钱。现在轮到了自己的儿子乔治·威登。乔治·威登梦想离开这艘大船，去伦敦建立一家“乔治·威登”，他还说“斯克里布街店面太狭小”……这可是玛德琳娜街最漂亮的地方，11.5 米的橱窗面对着巴黎最奢华的酒店，每天迎接着来自全世界的游客。乔治·威登是不想在这个以他父亲名字命名的公司工作，这就是真相！⑤ 于是，产生了一个困扰他的问题，怎么防止儿子在自己死后更改公司名字呢？他列了个公司资产负债表，意识到公司未来的发展还要依仗于专利产品。但是每次他一推出新款式，就会立即被仿制。尽管公司还不会因此被打垮，但是他要想出办法让专利产品无法被模仿。既然款式没有办法被阻止仿制，那就应该从机械原理入手，也就是在行李锁上动动脑筋。于是，路易・威登开始研制保险锁以保证这些富有客人的财物。

策略效应

通过产品的合理化设计，以一种内部装有可移动格子的箱子，路易・威登轻易地粉碎了第一次品牌产品的仿制。通过标志化产品图案纹样设计和注册保护，路易・威登又一次打击了背叛者对 LOUIS VUITTON 品牌的侵犯。通过思考 LOUIS VUITTON 品牌未来的生存空间和发展走向，路易・威登不仅将产品研制重点落在箱子的保险锁方向，而且晚年采用遗嘱（编制品牌产品目录）的手段为 LOUIS VUITTON 品牌存在与发展奠定了基础。

面对 LOUIS VUITTON 品牌一次又一次被仿制，路易・威登没有选择法律武器来维护其知识产权，而是采取“产品的推陈出新”和“品牌的完好维护”两大策略，经受了仿制的挑战和市场的考验。我们的问题是：

・为什么路易・威登在应对品牌仿制者时采取的不是法律武器而是研发创新？

・为什么路易・威登在对待儿子乔治・威登可能出现背叛 LOUIS VUITTON 品牌这一问题上却采用了更加强有力的手段？

分析解读

（1）在商品经济大环境中，市场竞争是一个普遍现象。这种现象至少与人类历史一样悠久。竞争系个人（或集团或国家）间的角逐，凡两方或多方力图取得并非各方均能获得的某些东西时，竞争就会产生。

（2）作为时尚流行商品，由于产品技术含量不高，市场准入门槛较低，竞争者间的学习、模仿、复制甚至抄袭是一件非常平凡之事。因此，当我们重新评价 19 世纪后期路易・威登对第一次和第二次产品仿制事件的反应时，我们对其不选择采用法律手段回击产品剽窃行为表示充分理解。因为，采用法律手段回击产品剽窃行为是一种费时、花钱、伤神的活动。相反，路易・威登选择了以不断创意研发新产品来超越竞争者，这是一种理性的选择，这是一种经济的选择，这是一种满意的选择，这是一种正确的选择。

（3）与回击产品剽窃行为的温和手段相反，路易・威登对其儿子乔治・威登可能出现的事业背叛表现出强烈愤怒，给予了坚决制止，并最终用遗嘱的形式给予法律化。

路易·威登是有理由的：因为他已将自己的毕生心血——LOUIS VUITTON公司资产和管理权——全部传给了儿子乔治·威登。工作了半个世纪的路易·威登很希望以他名字命名的事业生生不息地延续下去。

参考文献

[1]（法）博维希尼．路易·威登——一个品牌的神话[M]．李爽译．北京：中信出版社，2006.

[2]蒋智成．服装营销——结构与工具[M]．上海：中国纺织大学出版社，2000.

[3]（美）曼昆．经济学原理[M]．北京：机械工业出版社，2003.

[4]方振邦著．管理思想百年脉络[M]．北京：人民大学出版社，2007.

2.7 产品工艺案例

Hermès——用双手编织的梦想

《爱马仕》纪录片中曾这样说道：“与马相处，必须掌控得宜。在手工艺领域也是如此，必须掌控我们要使用的材质，也就是皮革，使其达到想要的效果，制造出一件优雅美丽的物品。”

当今世界，科技日新月异，社会急剧变化，传统价值观受到挑战，有着接近两个世纪历史的 Hermès（其在大中华区的统一中文译名为爱马仕）在吸纳流行元素的同时，坚持百年来的手工打造传统，保持其高档高质的奢侈品形象。通过一流的工艺制作，让世人在快节奏的现代生活中，享受精美与优雅。本案例旨在说明奢侈品牌的产品策略，具体描绘了 Hermès 是如何根据自身特点，继承其贵族传统，采用相应的产品工艺的。

营销知识点

1）产品

产品（Product）的概念：产品是能提供给市场以引起人们注意、获取、使用或消费，从而满足某种欲望或需要的一切东西，包括有形物品和无形服务。有形物品包括能满足消费者需求的产品实体及其品质、式样、特色、包装、品牌商标等。无形服务指能够给消费者带来附加利益和心理上的满足感及信任感的售后服务、保证、产品形象等。

2）产品差异化

产品差异化（Product Differentiation）策略：产品差异化策略是指企业为使自己的产品有别于竞争者，而突出产品的某些特性，使其与竞争者的同类产品有明显区别，以增强产品对消费者的吸引力，巩固其产品的市场地位。

图 2.7-1 Grace Kelly 手拿 Hermès 手提包

案例呈现

1）手提包

Hermès 以制造和分销马具用品起家，其第三代接班人 Emile–Maurice Hermès 在亲眼目睹马车时代的终结和汽车工业的崛起后，决定将主力产品从马鞍转到手提包，但仍坚持传统手工制作。采购人员每年从全球拍卖会上购得上等皮革，精选每一块皮革中最好的部分，每个手提包从头至尾由一位师傅缝制，并在内侧标明编号。顾客日后若需要保养维修，亦由这位师傅负责，这样做既能使制作工匠充分体现对自己手艺的自豪感，更能使顾客得到独家专享的满足感。

以铂金包（Birkin bag）为例，由同一个工匠，戴着皮围裙，拿着锥子和浸蜡的麻线，一针一针，用一种祖传的，流水线和缝纫机完全做不出来的叫作“双骑马钉”的针法，花费三天时间才能完成。工匠在缝细小的线时，通常要借助双重放大镜，制作时极度用心。包包上手提的金属链条也都是纯手工焊成的。

2）丝巾

Hermès 的丝巾只有 90 平方厘米这一种规格，每方丝巾的重量也只有 75 克。小小一方丝巾，凝聚了该品牌的手工精神。首先，采用的材料不是一片片平滑的丝绸，而是有细直纹的丝布，用丝线梳好上轴再编织而成，不易起褶皱。有时还会在编织过程中加上暗花图案，如蜜蜂、马等。其次，Hermès 坚持使用人工印制，而不用电脑代替。调色师按照设计师的意图，挑选合适的颜料，每种颜色用一个特制的钢架，运用丝网印刷原理，把颜色均匀地逐一扫在丝巾上。每一方丝巾需扫上 12 至 36 种颜色。固定色彩也是一项繁琐的工作，必须经过漂、蒸及晾等程序，

图 2.7-2 《欲望都市》中售货员对铂金包的描述

色彩才不会脱落。最后，卷边也不用缝纫机，全部采用手工缝制。每一条丝巾的诞生需经过一只又一只手，费时 18 个月。

产品价值

如今定制凯莉包（原好莱坞影星，摩纳哥王后 Grace Kelly 怀孕初期喜欢以一款 Hermès 手提包遮掩腹部，成为媒体镜头的焦点。后经摩纳哥王室同意，这款手提包被命名为 Kelly Bag，即凯莉包）的客户，必须等上六七年才有货可取，而它的市面炒价已超过六万美元，比一辆普通小汽车还要贵（图 2.7–1）。

美国电视连续剧《欲望都市》里面商店售货员极其骄傲的一句话“It’s not a bag, it’s a Birkin!”，则形象地传递出 Hermès 的另一经典款式铂金包的“骨灰级”地位（图 2.7–2、图 2.7–3）。这句话进而被大家衍生为：“这世界上有两种人，拿铂金包的人，和剩下的我们。”铂金包就在金字塔的顶端，享受着全世界的明星、名媛、白富美对它的顶礼膜拜。每只铂金包，根据材质的不同，从一万美金到几十万美金不等，价格年年上调却永远供不应求。2016 年 6 月，在香港佳士得拍卖会上，一只 12 英寸的铂金哑光喜马拉雅鳄鱼皮手袋以 24.449 万美元售出。

而 Hermès 的丝巾畅销全球，每 38 秒钟就卖出一条，无愧“丝巾之王”的美称（英国女王伊丽莎白二世用于一款邮票上的肖像，也戴着丝巾，丝巾是 Hermès 专为女王设计制作的，“丝巾之王”由此得名）。丝巾在中国市场的售价在 3600 至 3950 元人民币之间。

Hermès 凭着其对工艺细节的执著，成功地赢得了人心，维系住顶级名牌的身份，并将旗下产品延伸至男女时装、香水、手表、生活艺术品等十七个系列。2018 年，

图 2.7-3 《欲望都市》中女主角对铂金包的描述

整个集团的产品销售收入达 60 亿欧元。

在讲求高速和效率的今天，Hermès 为什么要坚持其手工制作传统？手工打造对于顶级品牌消费者的价值和意义又是什么？

分析解读

Hermès 产品的制作流程俨然成为这个时代最引人入胜的传奇，听多了或许有点腻味，但作为品质和工艺的代名词，或许一直被模仿，但从未被超越。

科技进步使得大规模生产渗入到制造业的各个角落，尤其像丝巾这样工艺较简单的产品，若应用流水线生产，可以大大提高劳动生产率。同时，劳动力成本日益增长，若坚持使用人工制作，费用必然高不可攀。Hermès 虽身处批量生产的 21 世纪，却反其道而行之，力挽狂澜，坚守 19 世纪的手工制作传统。

这是因为名品的价值在于稀缺性和差异性。一条丝巾，一只手袋，其中凝结着制作工匠的精湛技艺、专注态度与宝贵时间，Hermès 产品因此如同值得收藏的艺术品，独一无二而魅力四射。消费者购买 Hermès 产品，买的不仅仅是一流的工艺制作、耐久实用的性能、简洁大方的款式，更是为了那一份独家专享的区别感。在奢侈品界，除了设计师的巧思和选料的讲究，手工艺的精益求精也是常常被强调的要点。

成功的品牌运营是建立在实实在在的产品基础上的，面对产品越来越同质化的市场，服饰品牌该如何建立自己的特有优势？诗人兰波曾写道：“未来的日子将会是一个以手创造的世纪。”冥冥中这句诗似乎是写给 Hermès 的。那么，在了解了品牌建设的风风雨雨之后，中国的经营者们也应学会让历史为现实服务，让经典为时尚添彩。

参考文献

[1] Hermès 官方网站 [OL]. [2019-3-27]. http://www.hermes.com/.

[2] *Absolute* 杂志 . 揭秘爱马仕 Birkin 的手工制作全过程 [OL].（2016-12-12）[2019-3-3].https://www.sohu.com/a/121347548_556616.

[3] 傅师申 . 纺织服装营销学 [M]. 北京：中国纺织出版社，2018.

价格·价格策略

2.8 价格策略案例

“能轻松拥有”的奢华品牌 Coach

价格策略是服装品牌的基本营销策略，是 4P 营销策略中的价格（Price）策略。本案例中的 Coach 品牌在进入新兴亚洲市场时，采用了降低成本从而降低售价的价格策略，辅之以精准的市场调研与店铺选址，塑造品牌新形象，提升品牌定位，在全球精品最大市场的日本和中国，跻身一线品牌，并在营收与利润上获得丰厚回报（图 2.8–1）。

营销知识点

（1）价格在组织经济活动时，履行三种彼此相关的职能：首先是传递信息；其次是产生激励，使人们能够在使用现有资源时，以较少的成本取得最高的价值；最后，价格也决定收入的分配。

（2）需求规律表明，一种物品的价格下降使需求量增加。

案例呈现

1）定位“能轻松拥有”的奢华品牌——关键：大幅降低成本

Coach 品牌总裁法兰克福于 1999 年决定赋予这个品牌新定位，成为一个“能轻松拥有”的年轻奢华品牌（Affordable Luxury），同时，他改变生产方式，大幅降低生产成本，让 Coach 价格下降，且将资源重新配置到强有力的品牌行销上。从 2000 年开始，Coach 将九成以上的工厂陆续移到劳动工资廉价的国家如中国、印尼与土耳其等，同时大胆舍弃过去 Coach 引以为傲的手工传统，开始半机械化生产。

2）能精准定价与掌握市场需求量——关键：每天做全球消费者访谈

相较于 LOUIS VUITTON 等品牌坚持不愿意到中国设立生产基地，担心“Made in China”而降低品牌魅力，Coach 则通过每年花费 500 万美元，在全球进行超过两万人的消费者市场调研，用精准的市场数字来管理品牌。Coach 可以在一年

图 2.8-1 Coach 品牌产品

前就规划好下一年所需设计的款式与每个消费市场需求的数量，甚至可以仔细到推测每个国家的不同年龄女性一年会买几个包包，以及平均单价多少，数字管理使其可以精准定价与控制成本。而 Coach 对成本的控管，不代表品质也打折扣，在 Coach 的皮件加工厂，还是只选品质好的前 10% 皮料，并且由 38 位监工做超过 20 道的严格控管与检测。

而另一端，Coach 则以大手笔的预算来塑造高级形象，策略调整后的五年中平均每年把毛利增加的 37% 投入“销售、广告行销与设计”。换言之，每多赚 100 元的毛利就拿出 37 元做品牌行销，尤其致力于亚洲市场的开拓。

3）抓住亚洲市场庞大消费力——关键：在 LOUIS VUITTON 旁开店

店铺选址不断拓点与紧咬 LOUIS VUITTON 不放，是 Coach 能在日本市场蹿红的主因。营收只有 LVMH 十分之一的 Coach 却敢花同样昂贵的租金在 LOUIS VUITTON 旁开旗舰店。这五年内（指价格策略调整后）Coach 是所有精品品牌里在日本开店最快的一家，总共开了 104 家店，其中包含七家旗舰店，这些销售店或旗舰店全都紧邻 LOUIS VUITTON，根据 Coach 2003 年财报，当年在日本每开一家店就要花上 656 万美元。在精品龙头 LOUIS VUITTON 旁开店，消费者心中会塑造它与 LOUIS VUITTON 同级的印象，但其产品价格却大多只要 LOUIS VUITTON 的三分之一。

市场业绩

据英国《金融时报》报道，Coach 品牌价格策略调整后，毛利率从 2000 年的 64% 拉到了 2006 年的 77%，营业成本比率从 1997 年的 42% 大幅下降到 2006 年的 22%。

世界品牌实验室（brand.icxo.com）把镜头转向日本，这里是全世界最大的精品市场，2000 年前日本精品市场前十名里 C 开头的品牌只有 Chanel。自从 Coach 2001 年成立日本子公司，五年后就跻身日本十大精品品牌亚军，仅次于 LOUIS VUITTON，Coach 在日本的营收也从占公司整体营收的个位数成长到 22%。

在中国市场，Coach 品牌于 2009 年收回大中华区的代理权，Coach 中国官网上线，产品销售覆盖至中国内地超过 300 个城市，虽然 Coach 仅在其中的 70 个城市设有门店。Coach 品牌提供的数据显示，大中华区 2017 财年的销售额达到 6.44 亿美元，成为仅次于美国的第二大市场。世界品牌实验室（brand.icxo.com）指出“搓揉精品魅力与新的生产、行销逻辑，让 Coach 能在新兴亚洲市场，培养出一群正在成长的新消费群。”

Coach 成为美国华尔街的奢华品牌“传奇”，股价从 2000 年上市的 2 美元飙升到 2006 年的 30 美元，2012 年，Coach 股价创历史最高，接近 80 美元。2017 年 10 月 31 日，Coach 品牌的控股公司更名为 Tapestry，旗下拥有 Coach、Kate Spade、Stuart Weitzman 三大品牌，努力打造第一家美国时尚集团。

分析解读

2000 年前，Coach 是一个遭遇危机的老品牌，营收与获利直线下降，在美国之外也没什么品牌知名度，此时，Coach 总裁法兰克福对市场的分析及决策为 Coach 品牌的发展带来机遇。在精品传统悠久的欧美，一线品牌与二线品牌泾渭分明，但在新兴亚洲市场，消费者是新的，所有的战争是从头开打，因此，Coach 就有了机会。

Coach 品牌的价格策略对品牌特定时期的发展产生了良好影响，向消费者传递品牌信息，激励消费者购买产品，公司营收增长，平衡了“价格低”“奢华感”原本冲突的两端，即平衡魔法与逻辑！（balance magic and logic！）。

一般而言，世界品牌实验室（brand.icxo.com）认为奢华品牌为了维持尊贵品牌印象，都坚持手工制作，售价也高。一个小型宴会包，LOUIS VUITTON 约 5000 元左右，而 Coach 只要 LOUIS VUITTON 的一半价格不到。但翻开财务报表，Coach 的毛利率却没有因为售价低而拉低，背后的策略便是通过将工厂移往亚洲，使生产成本降低。

综上所述，Coach 品牌调整思路，整合资源，重新定位，以价格策略为导向，开创亚洲生产基地，抓住亚洲潜在爆发的市场，最终以业绩跻身一线品牌行列。

参考文献

[1]（美）曼昆 . 经济学原理 [M]. 北京：机械工业出版社，2003.

[2] 世界品牌实验室，ICXO.COM .Coach 品牌 “绝地大反攻”3 个命门 [OL]. [2006-11-03]. http://brand.icxo.com/htmlnews/2006/11/03/963617_0.htm.

[3] 中国服装网 .Coach 转型已迫在眉睫 能否撕掉身上的标签？[OL].[2017-10-20]. https://baijiahao.baidu.com/s?id=1581775291559878101&wfr=spider&for=pc.

渠道 · 采购代理

品牌代理

零售品牌

终端建设

店铺形象

2.9 采购代理案例

Doneger——
世界上最大的时尚商品采购代理机构

如今的商业竞争比以往任何时候都要激烈。不仅所有类型的商场数量以令人无法想象的速度增长，而且多元的零售方式也在分流消费群体，买手的作用变得十分重要。

营销知识点

商品企划（Merchandising，又称产品策划）：从最广泛的意义上讲，商品推销是有助于向零售消费者销售产品的所有做法。商品企划分为两类：一类是产品研发策划，主要是针对市场需求，以细分市场为基础，形成一个产品开发的整体思路，以期拓展新的增长点，另一类是产品营销策划，即谋划通畅的销售渠道、持续的销售态势和维持产品设计的理想化售价，通俗讲，就是如何能更好地把产品卖掉，并在销售过程中，不断塑造品牌形象。

案例呈现

成立时尚商品采购代理机构，提供专业化的时尚信息以及采购服务。

当公司创始人 Henry Doneger 刚建立 Doneger 公司时，没有人能够想到日后的 Doneger 公司会成长为世界上最大的时尚商品采购代理机构。如今，该公司在向国内百货商场、专业连锁店、低价零售商以及独立零售商等各种零售商提供服务的同时，还将多家海外机构纳入了客户范围。

（1）在相当长的一段时间内，Doneger 公司在数目众多的同类企业中成绩并不是特别突出，但通过逐渐吸收合并多家竞争对手，使得公司规模不断扩大，并最终确立了今天这种业内领先地位。如今，公司的业务范围广泛，其中最主要的是向零售商提供产品种类、新进货渠道、市场发展趋势、全球时尚产业分析、商品促销方式等与零售经营相关的各种建议性信息。

（2）与此同时，公司还开展了其他多项服务性业务，如根据零售机构采购人员的要求代购商品、发展仅由客户经营的专供商品等。在专供商品方面，尽管其最初仅涉及女士服饰，但如今，公司这方面业务已经拓展到男装、童装以及家居装饰品等多方面。

（3）对公司而言，帮助买手做好下一季度销售季节的各项工作是最重要的。凭借公司数量众多的买手和销售人员，公司就可以全面考察批发市场，评估供货商为市场所准备的夏季最新商品，并以此为基础，建立起能确保向买手提供确保采购效率所必需信息的周密计划，从而为买手考察商品并实施采购提供有效帮助。在商品采购过程中，公司会单独约见各个买手，以满足其各自的具体需要。

（4）之后，公司进一步拓展了服务渠道，即开始以互联网方式向客户提供信息服务。通过浏览公司网站，公司的零售成员就可以足不出户地把握市场脉搏。实践证明，这种方式对确保成员店及时掌握有关批发市场情况、产品发展趋势及供货商信息等方面最新咨询极富成效。

代理服务

Henry Doneger 和 Jack Lasersohn 于 1946 年创立了 Lasersohn–Doneger，作为零售商的采购办事处。在 20 世纪 60 年代早期，Henry Doneger 从他的搭档 Jack Lasersohn 那里买断了股权，更名为 Doneger 公司。他的儿子 Abbey 于 1973 年加入公司，并于 1980 年成为总裁。Doneger 公司逐步成为零售和时尚行业全球市场趋势和商品推销策略的主要来源之一。按照公司 70 多年的传统，让市场网络和趋势与色彩预测专家紧密合作，为客户提供产品和业务规划的分析和指导。

Doneger 公司的商品企划和创意团队在时尚产品设计、开发和销售过程的各个阶段对市场进行审核；研究和分析零售、批发、女装、男装和童装的服装及配饰市场的所有信息；集团在美国和欧洲都有店铺，并参加所有重要的纺织品展览会和贸易活动。凭借服务基础和行业影响力，公司与零售商、制造商和相关企业建立了关系，使 Doneger 公司成为业务最广泛、最多元化的视角之一。

业务的大范围使得 Doneger 集团能够根据客户业务需求和目标来定制服务内容。客户能够获得对他们提高竞争力有帮助的商业信息和行业资讯。

表 2.9–1 列出了 Doneger 公司的主要时尚服务类别、部门和服务内容：

表 2.9-1 Doneger 公司的服务内容

服务类别	部门	服务内容
商品企划	Henry Doneger Associates	服务女装、男装和童装零售商，提供产品和业务规划分析与指导
	HDA International	为来自美国的制造商和进口商提供国际零售信息、采购和产品开发机会
	Directives West	为客户提供能够代表美国西海岸观点的零售、研究、报告和分析咨询，包括配饰，男士、青年男士和儿童服装咨询服务
	Carol Hoffman	提供当代设计师和时装市场的专业女装零售商信息，包括运动装、连衣裙、外套、西装、配饰和内衣
	Tobe	国际时尚零售咨询服务公司，以“Tobe Report(Tobe 报告）”而著名，为零售商提供趋势和业务分析
	Price Point Buying	获取女性运动服装、女性外套、童装和男装的优惠低价信息，为零售商提供良好的购买时机
流行趋势服务	Doneger Creative Services	趋势和色彩预测部门，提供女性、男性青年的服装、配饰和生活方式市场信息
	Margit Publications	出版与风格相关的趋势，包括用于时尚和家居的 Pantone 色彩系统、Paul Pelssers 色彩流行趋势以及许多国际时装、纺织品和设计书籍和杂志
	Here & There	出版 12 种出版物、8 位设计师作品系列 CD，提供在线报道、个性化咨询和综合信息。内容包括色彩、生活方式、面料和印染趋势，以及零售、T 台、贸易展览和街头服装报道
相关服务	Doneger Consulting	可根据客户个性化需求定制项目。为零售和批发业务变化、消费趋势、设计方向和产品开发提供信息。业务范围包括从服装、消费品到金融界的相关业务
	Doneger.com	网站服务是现有业务的延伸，以方便为会员提供行业资源、信息和服务网络。网站提供最新的时尚和商品信息，包括设计师、T 台和批发市场的照片

如今，Doneger 公司已经发展成为一家时尚商品咨询公司，与百货商店、专卖店、大型商店、折扣店和新渠道零售商广泛合作（图 2.9–1、图 2.9–2）。

那么，对于时尚产业中的企业，特别是产品开发商、时尚产品零售商而言，专业的商品企划机构产生与存在的意义何在?

随着该公司业务的发展，该公司的服务从主要为承担时尚产品采买逐步发展为提供全面的商品采买、商品零售的综合咨询，这家私营集团在 70 年内不断成功并壮大的关键是什么?

分析解读

图 2.9-1 Donegerd 的美国西海岸资讯信息

图 2.9-2 Donegerd 产品企划信息与流行预测服务

许多被称之为采购代理机构或市场咨询组织的公司，是在采购和商品信息方面最有价值的外部资源之一，买手通过与一个或更多的此类外部信息资源保持联系并建立合作，主要是基于：避免批发市场所导致的难于对市场进行定期考察的限制；定期交流市场变化的需要；专业市场人士能够提供买手最畅销商品的信息，并能够评估对商品采购产生影响的最新经济状况等。

论依据企业的专业化发展。专业化发展应包括以下三方面内容：

1）产品、服务的技术水平

技术是企业专业化的一个非常重要的因素，是企业专业化的基础。企业所提供的产品和服务包含了多少高新技术，应用了多少先进的手段，这些将直接构成企业的专业化。技术越尖端、方式越先进，企业的专业化水平的基础将越牢固。

2）产品、服务的技术独特性

技术对企业专业化的贡献，不在于技术的科学价值。无论多么先进的技术，都必须通过特定的产品和服务造福于人类才能真正转化为生产力，通过对技术的应用和创新，形成自己独特的产品和服务，从而占据独特的细分市场，拉开与竞争对手的差距，避开激烈的市场竞争。在特定的技术基础上，差异化越明显，专业化越强。

3）产品、服务的技术市场认同度

追求技术的尖端性、独特性必须以市场为导向，如果一个高科技产品、一个具有独特性能的产品不被市场接受，或者是有限地接受，这不会给企业带来太多利润，只有那些得到市场认可，受市场欢迎的高科技产品，才是企业追求的专业化产品。

Doneger 在 70 年的发展过程中，积累了一系列经验，以保持自身在时尚商品企划中的敏锐性和前瞻性，并推动公司发展壮大，公司从人才、业务、思维等角度都积攒了自己的成功经验：

1）从行业内聘用人才

“他们了解整个市场，他们对时尚感兴趣，经常去时尚学校交流，在时尚界担任职务，在色彩、面料、风格、潮流和商品企划方面有自己的企业。” Abbey

Doneger（Doneger 公司时任总裁）说。

2）把脚“放”在街上

Doneger 公司在美国东海岸和西海岸共拥有 140 名员工，每天约有 100 人不在办公室，而是与零售、批发以及整个行业进行研究和互动。具体而言，这些工作人员通过举办会议、网络交流、参加贸易展览、参加国际会议、前往探访国内和国际客户、通过讲座形式参与教育机构活动。哪里有时尚潮流，哪里就有 Doneger。

3）知悉一切

为了收集数据，广泛分析研究商店购物情况、街头人群、时尚杂志、时装秀、博客和其他内容，Doneger 公司开发了一套预测的方法，可以利用营销领域的信息，通过观察之前的信息预测未来季节。

4）提供在线服务

数字化是企业必不可少的一部分。Doneger 公司提供各种形式的在线服务，从电子邮件到 PDF 文件，再到 PowerPoint 演示等。

5）在行业中成为可见的存在

Doneger 公司通过与媒体对话来加强存在感。“我们有几位主要高管每月都直接或参与撰写媒体文章。我们是 Outerwear 杂志、Manuscript 和 MR 杂志始终如一的供稿者。我们也有高管参加了许多行业会议，特别是拉斯维加斯贸易展和全国零售联合会年度会议，我们的创意总监 David Wolfe 每年都在这里发言。”Abbey Doneger 说。

6）利用全球机遇

Doneger 公司已经看到国际上对其服务的兴趣日益增加。“来自世界各地的公司比以往任何时候都更关注时尚的各个方面，包括从营销、广告、视觉营销和利用技术来提升他们的业务，”Doneger 公司高级副总裁 Thomas Burns 说。目前，除了美国之外，Doneger 公司还与墨西哥、南非、澳大利亚、韩国和欧洲的零售商建立了合作关系。

7）使用常识

“我们努力具备现代化、相关性和前瞻性思维，但最终，良好的常识性思维是推动我们业务发展的主要力量。”Abbey Doneger 说。

参考文献

[1] 杰·戴孟德，杰拉德·皮特．服饰零售采购买手实务（第七版）[M]. 北京：中国纺织出版社，2007.
[2] Donger 官方网站 [OL].[2019-03-14]. http://www.doneger.com.

2.10 品牌代理案例

俊思集团——
国际时尚品牌的引路人

图 2.10-1 俊思集团 logo

20 世纪末，随着中国市场逐步向世界打开，并随着中国经济能力的提高，越来越多的国际品牌把目光转向了中国内地市场。然而，中国经济发展的区域性、文化差异、消费习惯差异导致了国际品牌一时难以进入中国内地市场，他们迫切需要能够为他们打开中国内地市场的合作伙伴。

营销知识点

1）渠道经销商

渠道是指商品销售路线，是商品的流通路线，所指为厂家的商品通过一定的社会网络或代理商而卖向不同的区域，以达到销售的目的。故而渠道（Marketing Channel）经销商是指某一区域和领域只拥有销售或服务的单位或个人。渠道经销商具有独立的经营机构，拥有商品的所有权（买断制造商的产品 / 服务），获得经营利润，多品种经营，经营活动过程不受或很少受供货商限制，与供货商责权对等。

2）蓝海战略

蓝海战略（Blue Ocean Strategy）是由 W. 钱 · 金（W Chan Kim）和莫博涅（Mauborgne）提出的。蓝海战略认为，聚焦于红海等于接受了商战的限制性因素，即在有限的土地上求胜，却否认了商业世界开创新市场的可能。运用蓝海战略，视线将超越竞争对手移向买方需求，跨越现有竞争边界，将不同市场的买方价值元素筛选并重新排序，从给定结构下的定位选择向改变市场结构本身转变。蓝海以战略行动（Strategic Move）作为分析单位，战略行动包含开辟市场的主要业务项目所涉及的一整套管理动作和决定，在研究 1880~2000 年 30 多个产业 150 次战略行动的基础上，指出价值创新（Value Innovation）是蓝海战略的基石。价值创新挑战了基于竞争的传统教条即价值和成本的权衡取舍关系，让企业将创新与效用、价格与成本整合一体，不是比照现有产业最佳实践去赶超对手，而是改变产业景框重新设定游戏规则；不是瞄准现有市场“高端”或“低端”顾客，而是面向潜在需求的买方大众；不是一味细分市场满足顾客偏好，而是合并细分市场整合需求。

案例呈现

1992 年，由创办人黄卿美于总部香港成立前身“俊思有限公司”（现时“ImagineX Beauty Limited”），其业务是在大中华及东南亚进行高级零售、品牌管理及分销，现时由吴光正私人持有连卡佛载思集团旗下（图 2.10–1）。

秉承“为品牌创造更大的利益”理念，俊思集团将其市场定位于“大中华地区最具优势的高级品牌分销公司”。作为一家品牌代理分销公司，集团维持平衡而多样化的品牌组合，以满足高级消费品市场上不同顾客的需求。为每个代理品牌特设专业团队，以落实各品牌的最佳利益，并将品牌发扬光大。并且，通过优秀的客户服务及专业的市场营销策略，积极将每个品牌的独特理念、精神、文化及特质向顾客传达。

俊思集团成为第一个向中国内地市场引入 Salvatore Ferragamo、Gucci、Prada 和 Cartier 等奢侈品牌的代理公司。

代理服务

经过 20 多年的努力，俊思集团已经成为一家大中华地区高级消费品市场的著名代理及分销集团，全方位参与国际知名时装、化妆品及高品位生活之品牌，提供多元化且度身定制的专业服务。以香港（总部）为基地，俊思集团分别在上海、北京、台北和澳门设有办事处。俊思集团已实现如下经营目标：

（1）俊思集团致力发展国际高级时装、顶尖设计师系列、中高档时尚潮流品牌及美容产品等多元化业务。集团向合作品牌提供多元化的合作方案，包括合资企业、特约分销及管理服务等，协助品牌在大中华地区和新加坡发展。集团代理及管理多个国际品牌，包括 Salvatore Ferragamo、Marc Jacobs、3.1. Phillip Lim、Club Monaco、alice + olivia by Stacey Bendet、Scotch & Soda、Tory Burch、Isabel Marant、Paul Smith、Canada Goose、Agnona、ba&sh 和 Golden Goose Deluxe Brand，业务范畴涵盖时尚生活和美容品牌，包括 Aveda、Jo Malone London、Apivita 及 Natura Bissé。然而这一代理名单随着代理合同周期也在发生变化，最新信息可以从 ImagineX 官方网站获得。

（2）俊思集团目前经营超过 200 个销售点（其经营高峰期曾达到 360 个销售点），总面积超过 209, 000 平方尺，涵盖中国和新加坡的 17 个城市。

（3）俊思集团的企业愿景："我们的愿景是成为亚洲首屈一指的品牌培育及创建者——将热情、时尚、生活品味的选择引进亚洲。"

成为高级时装品牌的代理商，是很多品牌代理公司所期望的，那么，俊思集团是如何取得成功的？代理品牌经营又有何风险？

分析解读

事实上，如何获取品牌的代理权是所有品牌代理机构所面临的最核心商业问题。通常有两种途径来获取品牌代理权：①面对空白市场，通过主动引进成熟的国际性知名品牌或培养挖掘具有潜质的成长性新创品牌，以品牌代理机构的身份以期获得目标品牌的代理权；②面对成熟市场，迅速扩张并占领品牌分销渠道，做好已有代理品牌的管理和服务，以吸引更多国际品牌的合作视线，以分销网络拥有者或管理者的身份来获取目标品牌的代理权。俊思集团正是抓住了 20 世纪 90 年代初中国推行改革开放的历史机遇，成功地占据了空白的中国奢侈品市场。正如其官网所称：自代理两个国际知名品牌 Salvatore Ferragamo 及 Elizabeth Arden 始，受到业内人士称誉，凭著辉煌业绩，赢得国际品牌的信任。

超长的投资回报期使高级品牌代理存在巨大商业风险。按通常国际品牌代理流程惯例，从最初接洽到最终签约，一般需要时间为 6~12 个月。同时，为了确保代理品牌成功导入目标市场，品牌代理集团将随即开展一系列的市场调研、品牌策划、宣传推广、商品组货、招聘培训、选址开店、销售促进等方方面面的投入，通常需要时间为 12 个月。首家代理的品牌旗舰店试营后，会进入一个适应市场的调整期，如果一切顺利，真正进入投资回报期，则需要 3~5 年时间。面对漫长的奢侈品品牌市场培育期，这不仅需要品牌代理集团大股东的耐心（这是许多奢侈品品牌集团私有化的原因），而且也考验品牌持有人的耐心。如果市场培育不好，收回代理权是品牌持有人针对品牌代理集团的撒手锏。为了保护代理品牌市场拓展的胜利果实，为了在品牌代理权年限的博弈中获得长期利益，俊思集团除了尽量签署较长代理期外，还会采用“自动续约”条款来保护自己的利益。所谓“自动续约”就是俊思集团和品牌持有人事先制订一系列品牌代理阶段内的评估指标，届时只要俊思集团能够按时完成标的，便可在合约到期后自动获得下一阶段的续约，品牌持有人无权转换代理人。

作为品牌代理商，还有一个经营风险是品牌商回收代理权。对于高级时装品牌特别是奢侈品牌来说，在进入不熟悉的市场之初，利用代理商的渠道资源实现品牌快速扩张并转嫁风险，是奢侈品牌进军市场的首选，同时也是权宜之计。当市场开始有利可图时，品牌可能会选择收回代理权做直营。而且，由于利益出发点不同，品牌商与代理商也会在经营上产生一定分歧，代理商追求代理期内利润的最大化，品牌商追求品牌形象最大化并以此为基础尽量追求高利润，这也是导致品牌商可能收回代理权的另一潜在原因。如，2017 年 4 月，行李箱制造商新秀丽国际有限公司（Samsonite International SA）就宣布，公司已经从分销商俊思集团手中收回集团旗下品牌 Tumi 中国内地及香港和澳门市场的分销权。收回管理权的同时，新秀丽也已从俊思手中收购 Tumi 位于中国内地及港、澳的店铺租约、存货等若干资产。为了应对这种风险，合资经营是另一种企业经营模式，如俊思集团于 2000 年与 Salvatore Ferragamo 携手建立合资企业营运模式，以维护长远业务发展。

参考文献

[1] Imaginex Group 官方网站 [OL].2019-03-14. http://www.imaginex.com/.

2.11 零售品牌案例

冲时尚之浪的零售商 I.T

服装行业永远不缺少品牌，大多数服装业创业者都是从自己创建服饰品牌做起，有没有其他的创业之路？本案例中的 I.T 另辟蹊径，集成多个品牌，即以零售商品牌 I.T 经销或代理多个品牌，服务于年轻时尚的消费群体。

营销知识点

1）多品牌策略（Multi-Brand Strategy）

多品牌策略是指企业根据各目标市场的不同利益分别使用不同品牌的决策策略。多个品牌能较好地定位不同利益的细分市场，强调各品牌的特点，吸引不同的消费者群体，从而占有较多的细分市场。

2）经销商（Distributor）

经销商就是在某一区域和领域只拥有销售或服务的单位或个人。经销商具有独立的经营机构，拥有商品的所有权（买断制造商的产品 / 服务），获得经营利润，多品种经营，经营活动过程不受或很少受供货商限制，与供货商责权对等。

3）代理商（Agents）

代理商是在其行业管理范围内接受他人委托，为他人促成或缔结交易的一般代理人。代理商是代企业打理生意，是厂家给予商家佣金额度的一种经营行为。所代理货物的所有权属于厂家，而不是商家，因为商家不是售卖自己的产品，而是代企业转手卖出去。所以“代理商”一般是指赚取企业代理佣金的商业单位。

案例呈现

1）以买手的眼光和兼收并济的理念开创服饰零售业

I.T 的起源可追溯自一个简单的概念：以独特的时尚风格，满足年轻群众对品味和消费的需求。1988 年，沈嘉伟和弟弟在香港铜锣湾信和广场经营一间名为 Green Peace（绿色和平）的服饰店。由于所卖服饰没有特色，在开业初期，店里生意并不好。头脑灵活的沈嘉伟随即转变经营思路，改售英国 Dr Martens 皮鞋和 Levi' s 501 牛仔裤，专攻年轻人市场，并为知名艺人和唱片师（DJ）赞助服饰。一时间，Dr Martens 风行校园，当时不少追求新潮的学生都以穿着 Dr Martens 为荣，导致 Dr Martens 卖断市，沈嘉伟的 Green Peace 也因此客似云来。20 世纪 80 年代 Dr Martens 在英国价钱很便宜，一双鞋大概港币一百多元，但沈嘉伟在香港一双卖四五百元，盈利数以倍计。在银行的支持下，Green Peace 分店愈开愈多，他同时也获得多个欧美时装品牌的销售权，生意越做越大。1997 年，Green Peace 时装店改名为 I.T（Income Team 的缩写），取其“赚钱团队”之意。I.T 品牌登场后，沈嘉伟调整策略，开始引入日本品牌时装，进军香港沙田、屯门等非传统零售旺区，分店数目急速膨胀。

拥有众多品牌及多层次销售一向是 I.T 引以为荣的经营理念。集团除了网罗众多世界知名的时装品牌，亦拥有不少时尚质优的自家品牌，并不停扩展业务范围，为消费者提供更多舒适的购物空间，全方位确保能迎合时装狂热分子的不同喜好及需要。

2005 年 3 月 4 日，I.T 集团于联合交易所主机板上市（港交所：0999），逐步发展成为亚洲最大规模的时装集团之一。

2）知名艺人买手加盟

1999 年沈嘉伟娶邱淑贞（当时香港知名艺人）为妻，结婚后的邱淑贞，不但身兼 I.T 的形象代言人，还常年陪老公到欧洲、日本挑货，凡经过她试穿认可的牌子，大都符合港人的口味，一引进就大卖。于是，只要她一点头，沈嘉伟便入货，邱简直成了该集团当年入货的指标，带领集团走上了潮流的尖端。

作为回馈，2005 年 I.T 集团正式上市时，沈嘉伟将 1600 万公司股息及价值半亿的公司股份分给爱妻邱淑贞。据 I.T 集团招股书详列，该集团本来由沈嘉伟及胞弟各持有 50% 股权，但沈将自己的 25% 分给邱淑贞，并列明邱淑贞是公司的主要股东，邱淑贞因此间接持有公司 8.4% 股份（即 2558 万股）。

图 2.11-1 以知名艺人作为 I.T 偶像

由于知名艺人的喜爱和热心加盟，以知名艺人为时尚偶像（Fashion Icon）已经成为 I.T 集团的发展特点之一，其既表达了知名艺人独特的时尚态度，更使得知名艺人成为了 I.T 的时尚传播者（图 2.11-1）。

经销与代理

I.T 集团最早由一间销售外国流行品牌的小店 Green Peace 发展而来，逐步发展为香港规模最大的时装集团之一。

I.T 集团旗下发展了四个品牌的多品牌零售集合店，分别为 I.T、 i.t、 ete! 与 double-park。I.T 经营的时装品牌大部分来自世界各地的大师级作品，至于 i.t 则以售卖欧、日、韩年青潮流品牌为主， ete! 是提供潮流鞋履和饰物的商店，而 double-park 是各时尚街头品牌的集中店铺，分别为不同年龄层及品味的人们而设。

同时，I.T 亦致力带动时装潮流并培育业界新星，I.T 亦会网罗不少独特的新晋牌子，让它们一试市场。若它们能成功通过时装爱好者品味，更有机会跃升为独立店铺，增加曝光率以吸引更多的时装追随者。

I.T 代理的品牌以服装为主，还有一些饰品及配件品牌。包括：英国品牌 French Connection（FCUK）（男装及女装）、日本品牌 As know as（女装及配饰）、日本品牌 Beams Boy（女装及配饰）、日本品牌 Beams T、英国品牌 Boxfresh（男装及女装）、日本品牌 Bulle De Savon（女装）、日本品牌 Childwoman（女装）、日本品牌 Coigirl Magic（女装）、日本品牌 Double Name（女装）、日本品牌 Earth Music & Ecology（女装）、日本品牌 Yasuharu Isikawa（女装）、日本品牌 E Hyphen World Gallery、日本品牌 Edwin、日本品牌 Final Home（男装）、英国品牌 Fred Perry（男装及女装）、美国品牌 I.T Loves Mickey（休闲服装）、日本品牌 Mysty Woman（女装）、日本品牌 Pageboy（女装）、日本品牌 Pou Dou Dou（女装及配饰）、日本品牌 Ray Cassin（女装）、日本品牌 Tout A Coup（女装及配饰）、日本品牌 Vert Dense（女装）、日本品牌 X Girl（女装及配饰）、美国品牌 Arnold Palmer（女装及鞋）、法国品牌 Baby Jane Cacharel Paris（女装及鞋）、日本品牌 Hynma（便服）、英国品牌 Underground（男装及配饰）、美国 / 日本品牌 Anna Sui（鞋及配饰）、日本品牌 Fin（鞋）、西班牙品牌 Ras（鞋）、西班牙品牌 Camper（鞋）、日本品牌 Hem（手袋及配饰）等。经营的国际设计师品牌超过 300 家。

除了代理世界知名品牌，I.T 集团旗下还有诸多自创品牌：http://www.izzue.com（男装及女装）、b+ab（女装及配饰）、5cm（中性化）、CHOCOOLATE（男装及宠物时装）、Venilla suite（鞋）等。自创及特许品牌超过 10 个。

作为香港地区最大的时装集团，I.T 集团的多品牌集聚定位是如何实现的？对于时尚品牌来说，多品牌集合经营有何优势？

分析解读

I.T 集团的多品牌集聚是分阶段进行的。

首先是零售商定位准确：从最早 Green Peace 出售英国 Dr Martens 皮鞋和 Levi’s 501 牛仔裤开始，专攻年轻人市场。通过为知名艺人和唱片师赞助服饰风行校园，随后获得多个欧美时装品牌的销售权。

然后是广泛获得代理品牌，增强品牌集聚效应：改名 I.T 品牌后，开始逐步引入日本、英国、法国、西班牙、美国品牌的年轻潮流时装，增强了零售品牌的定位。

代理事业逐步成熟之后，开始自创潮流品牌，邀请知名艺人加盟设计：从 http://www.izzue.com 到 b+ab、5cm、CHOCOOLATE、Venilla suite，不仅仅为知名艺人赞助服饰，更重要的是邀请张曼玉、李嘉欣、周迅等知名艺人担任设计师，并通过和 adidas、Crystallized Swarovski Elements 等品牌的跨界合作，广泛推动自创品牌的时尚形象。

“零售业务最大成本是租金，我们在可能范围下实行积聚（Clustering）策略，即在同一地点开设多间店铺，好处是可以营造最好的消费环境。由橱窗往内看，到进入店铺后听到的音乐、看见的摆设、陈列的货品，购物后拿着 I.T 的购物袋离开，总之，每个过程中，都要令人觉得你很‘型’，这就是沈嘉伟的经营哲学，即 Total Shopping Experience”，I.T 副主席暨董事总经理卢永仁说。除此以外，由于品牌积聚策略能吸引人流，因此在与发展商谈租金时，也能取得一个较合理的价格。“我们与发展商的关系就像合作伙伴。”

综合而言，多品牌策略的优点：①多品牌具有较强的灵活性。不同品牌发展各自的风格，共同提高了企业产品的市场占有率。②多品牌能充分适应市场的差异性。消费者的需求是千差万别、复杂多样的，不同的地区有不同的品牌需求。③多品牌有利于提高产品的市场占有率。多品牌策略最大的优势便是通过给每一品牌进行准确定位，从而有效地占领各个细分市场。

参考文献

[1] I.T 集团官司方网站 [OL].[2019-3-14].https://www.ithk.com/.

2.12 终端建设案例

ZARA 成功的国际品牌终端网络建设

终端网络建设，也称终端网络 / 店铺建设，是服装品牌营销渠道策略的核心内容（图 2.12–1）。本案例中的 ZARA 品牌成功实施全球连锁专卖的营销策略，成为国际服装业内服装品牌经营者学习的楷模，ZARA 模式也于 2003 年编入哈佛商学院教案。

营销知识点

（1）1960 年，杰罗姆·麦卡锡（Jerome McCarthy）在其《基础营销》（*Basic Marketing*）一书中提出了著名的 4P 营销理论，即：产品（Product）、价格（Price）、渠道（Place）和促销（Promotion）四大要素的有效组合。面对 21 世纪的全球消费市场，如何设计合理的营销渠道是服装品牌参与市场竞争的致胜法宝。

（2）菲利普·科特勒认为：一旦公司确定了市场细分机会，它们就必须评价各种细分市场和决定为多少个细分市场服务。我们将依次考察评估和选择细分市场。

在评估细分市场方面，必须考虑两个因素：

·公司必须自问这潜在的细分市场是否对公司有吸引力。

·公司必须考虑对细分市场的投资与公司的目标和资源是否相一致。

在选择细分市场方面，公司考虑可能的目标市场模式，可采用五种模式：

·密集单一市场：最简单的方式是公司选择一个细分市场集中营销。

·有选择的专门化：选择若干个细分市场，其中每个细分市场在客观上都有吸引力，并且符合公司的目标和资源。

·产品专门化：集中生产一种产品，公司向各类顾客销售这种产品。

图 2.12-1 ZARA 品牌店铺

· 市场专门化：专门为满足某个顾客群体的各种需要而服务。

· 完全市场覆盖：用各种产品满足各种顾客群体的需求。

案例呈现

ZARA 品牌集中资源优势，合理规避风险，建设核心市场。

ZARA 品牌将品牌总部西班牙作为全球推广的基地，以欧洲大陆邻近国家为销售重点，实施回避强势竞争品牌为策略（如意大利的 Benetton、瑞典的 H&M、荷兰的 C&A、英国的 NEXT、美国的 GAP、加拿大的 Root1973 和日本的 UNIQLO 等），做大做强核心城市的品牌网络建设，依赖统一强大的物流系统助推，实施低成本、低风险、最优化营销运作。

全球终端

ZARA 品牌全球终端的规模，截至 2015 年底达到 7000 家，覆盖范围遍及欧洲、美洲、亚洲和非洲的 202 个国家与地区，终端建设拓展的重要时间节点如下：

（1）1975 年，ZARA 品牌的第一家门店在西班牙拉科鲁尼亚开设。

（2）1988 年开始，进入西班牙以外的欧洲市场，当年在葡萄牙波尔图市开设第一家海外门店；两年后，在法国开店。

（3）1989 年开始，进入美洲市场，当年在美国纽约开设门店；两年后，在墨西哥开店。

（4）2004 年，ZARA 品牌的第 2000 家店在中国香港开业，品牌进入亚洲市场。2009 年，ZARA 开始了在中国内地市场的深度拓展。2004 年 ZARA 品牌进入非洲市场。

表 2.12–1 ZARA 品牌的一份截至 2003 年 3 月的全球连锁专卖分布统计数据（资料来源：www.zara.com），可用于探讨其终端建设的策略与格局。

表 2.12–1 ZARA 品牌终端建设明细表（单位：家）

全球分布	国家小计	城市小计	店铺小计	重点国家		核心城市	
				国家	规模	市场	规模
欧洲	21	172	445	西班牙	240	马德里	36
						巴赛罗那	33
				法国	69	巴黎	20
				葡萄牙	41	里斯本	16
				希腊	22		
				德国	21		
				比利时	15		
美洲	10	36	73	墨西哥	28	墨西哥城	16
				巴西	12		
				美国	10		
中东	8	20	32	以色列	11		
亚洲	2	4	7				
合计	41	232	557	10	469	5	121

分析解读

营销渠道建设是实施品牌战略的最重要环节之一，尤其以终端网络建设为核心。ZARA 品牌为国际服装品牌运营树立了典范。以西班牙总部为核心，“有选择的专门化”布点策略运用很好地解决了 ZARA 品牌在实际运营过程中供应链参与市场的快速响应能力。

在“有选择的专门化”布点框架下，ZARA 品牌实际终端网络建设又采用了回避强势竞争品牌市场策略，积极拓展强势竞争品牌相对弱化的市场，取得了良好市场效果。

参考文献

[1]（美）菲利普·科特勒．营销管理——分析、计划、执行和控制 （第 9 版）[M]. 梅汝和等译．上海：上海人民出版社，1999.

[2] Inditex. OUR STORY[OL]. [2019-03-03]. http://www.inditex.cn/en/about-us/our-story.

[3] Inditex. ZARA[OL]. [2019-03-03]. http://www.inditex.cn/en/ web/guest/about-us/our-brands/zara.

2.13 店铺形象案例

DIESEL 独一无二的店铺风格

20 世纪 90 年代中期以来，中国许多服装企业已经深刻认识到品牌终端形象塑造对品牌建设的重要意义。为此，中国服装企业开始全方位地向西方一流品牌学习终端形象的包装形式与内容。其中，连锁经营的标准化技术深得中国服装经营者的崇拜。在这种思想的推进下，品牌终端形象的竞争从混乱走向统一。然而，新的问题出现了：一是竞争使同一品牌在不同区域出现了多元化；二是竞争又使不同品牌在同一市场出现了同质化。本案例中的 DIESEL 品牌创建了一个多元素文化的店铺模式，以同一个品牌各店铺采用完全不同的店铺风格强化消费者对其品牌价值的认知。

营销知识点

（1）现实社会结构理论（Social Construction of Reality Theory）认为，在同一种文化中的人也共同分享“进行程序中互换”的含义。一般事物对你具有的含义对我也具有同样的含义，这些事物被称之为具有“客观”含义的符号（Symbols）。但是对生活中另外一些事物，我们给它们制定“客观”含义，这些事物我们称之为标志（Signs）。随着时间的推移，人们把通过文化交互活动得到的标志和符号集合起来，形成了典型化格式——对一些现象或情况制定含义的综合。这些典型化格式构成了人们在“日常生活中的主要习惯上，不仅是对其他人的典型化……也是对所有类型的时间和经历的典型化”的理解和行为的文化背景。

（2）一个公司必须努力寻找能使它的产品产生差异化的特定的方法，以赢得竞争优势。

案例呈现

像意大利艺术一样，DIESEL 品牌为每一个走进其店铺的消费者提供了一种多元的独特的视觉艺术形象。这一点正反映了 DIESEL 创始人伦佐·罗素（Renzo Rosso）的主张：“我不赞成照搬同样的店铺、同样的产品以及同样的概念，在全世界进行传播。人们不想要同样的东西，今天重要的是独特。”

呈现在我们面前的 DIESEL 店铺在视觉形象上至少可以总结出如下特征：

（1）店铺建筑外观：整体建筑风格经典、大气、完整，各地区建筑风格允许存在差异化；面积超大、楼层高大；明亮通透、场景橱窗。

（2）店铺灯光与造型：灯光是店铺的“血液”，要十分重视。店铺需要有主题式灯光造型；装饰华丽、品质卓越；以冷光源为主，辅以暖光源，强调时尚并兼具经典。

（3）店铺产品货架陈列与展示：货品陈列与展示风格独特，表现形式多元；货量丰富，疏密有序；风格主题突出，区域分隔明确。

（4）店铺试衣间：试衣间品质的高低是品牌质量的试金石。试衣间风格可以不同，但要给人名贵感；试衣间明亮、整洁、清新、安全。

（5）店铺公共环境：多元素的店铺公共环境；多材质的店铺公共环境；独一无二的生活体验。

（6）店铺休息区域：店铺休息区是营造生活多元化的重点。休息区风格是个性化的，将传统与现代交融，个性化极强。

店铺特色

DIESEL 品牌为不同区域、不同市场全方位地创造独一无二的店铺形象。努力使来自不同文化背景的消费者都能认同 DIESEL。

DIESEL 是浅显而虚幻的超现实。DIESEL 的崛起证明建造一个时尚品牌沟通与产品同样重要。

DIESEL 品牌店铺形象详见图 2.13–1。

图 2.13-1 DIESEL 品牌店铺形象

分析解读

DIESEL 品牌秉持“For Successful Living” 的时尚哲学，实施品牌形象差异化战略，使其成为国际时尚业的领先品牌。

DIESEL 品牌为不同区域、不同市场全方位地创造独一无二的店铺形象，努力使来自不同文化背景的消费者都能认同 DIESEL。DIESEL 品牌的店铺多元素文化成为消费者认知品牌特征的标志，并形成典型化格式，店铺形象综合成为了品牌特征的呈现。

DIESEL 品牌的每一个店铺设计都是一个全新设计，这一点无疑向品牌公司提出了一个挑战——需要拥有一大批设计创意团队，需要拥有一套成熟的设计管理模式，而 DIESEL 做到了。

参考文献

[1] Mark Tungate. *Fashion Brands*[M].London：Kogan Page Ltd，2005.

[2]（美）斯坦利・J・巴伦．大众传播概论——媒介认知与文化 [M]. 刘鸿英译．北京：中国人民大学出版社，2005.

[3]（美）菲利普・科特勒．营销管理——分析、计划、执行与控制 [M]. 梅汝和等译．第 9 版．上海：上海人民出版社，1999.

促销·社交媒体

品牌广告

品牌公关

奥运营销

2.14 社交媒体案例

Farfetch 巧用微信游戏吸引年轻消费者

近年来，千禧一代消费者们开始步入社会，拥有了自己的经济自主权，奢侈品行业也从此前的由品牌主导变为由消费者主导，而新竞争者的出现也让这个行业的未来愈发难以预料，走过寒冬的奢侈品行业在迎来新一轮增长期的同时也在进行着一场大洗牌。

在社交媒体关键意见领袖和各大电商平台的“搅局”下，一直高高在上的奢侈品牌们突然发现，原本牢牢握在手中的市场份额正在被“圈外人”所瓜分。总部位于英国伦敦的全球奢侈品牌时尚购物平台 Farfetch 就是这样一个“圈外人”，Farfetch 提供包括电商网站和移动端 APP 在内的线上购物渠道，有包括中、英、日文在内的 9 种语言选择。

Farfetch 在拓展中国市场的过程中，入乡随俗，充分利用微信公众号和小程序，巧妙地将游戏融入到平台宣传和促销中，使大众（特别是年轻群体）对奢侈品牌有更深入的认识。

营销知识点

（1）社交媒体营销（Social Media Marketing）就是利用社会化网络、在线社区、博客、百科或者其他互联网协作平台和媒体来传播和发布资讯，从而形成的营销、销售、公共关系处理和客户关系服务维护及开拓的一种方式。社交媒体营销工具包括论坛、微博、微信、博客和短视频网站等。

（2）企业在拥有海量注册用户的社交媒体网络上发布相关的服务信息和产品资讯，利用社交媒体网络上的粉丝关注效应和社群效应，可以大大增加企业的产品与服务信息在社交网络上的曝光量。

（3）社交媒体除了方便信息的实时发布，更重要的作用是可以实时发起与潜在用户的互动，持续深化与潜在用户的关系，促进其对企业产品与服务的兴趣，并适时发起相应活动来促进成交。

案例呈现

Farfetch 由葡萄牙籍企业家 José Neves 创办于 2008 年。在 2010 至 2016 年间，先后完成六轮融资，融资额分别为：A 轮 4500 万美元，B 轮 1800 万美元，C 轮 2000 万美元，D 轮 6600 万美元，E 轮 8600 万美元，F 轮 1.1 亿美元。

得益于充足的资金投入和高效的平台运作，Farfetch 增长势头迅猛，2015 年营业总额超过 5 亿美元，网站月访问量约 1000 万次，同年在上海设立中国办事处，负责大中华区的业务。

Farfetch 在中国市场进行经营时，非常注重利用中国最大的社交媒体——微信。2017 年，京东集团向 Farfetch 投资 3.97 亿美元，成为其最大的股东之后，更是在提供物流、互联网金融和技术能力的同时，拿出其社交媒体资源——包括与微信的合作关系，供 Farfetch 提高消费者体验，进一步扩大市场。

2018 年“双 11”单身节期间，Farfetch 推出“Farfetch 畅购全球”微信小程序活动，用户参与猜品牌名称游戏，根据提供的品牌信息，在给出字母中选择正确的字母补全品牌英文名称，共六题。答对全部六道题或分享给好友皆可获得 1 个 FF 时尚值，累积 3 个 FF 时尚值即有机会赢取“双 11”专属礼遇：Chloé Drew Bijou 小猪包，或 500 英镑无门槛代金券，或 110 英镑无门槛代金券（图 2.14–1）。

图 2.14–1 Farfetch 推出的微信小程序游戏页面节选

在紧接着的送礼季节——感恩节、黑色星期五、圣诞节期间，Farfetch 又适时推出了另一款微信游戏“送礼送进心坎里”。根据对不同送礼对象的描述，用

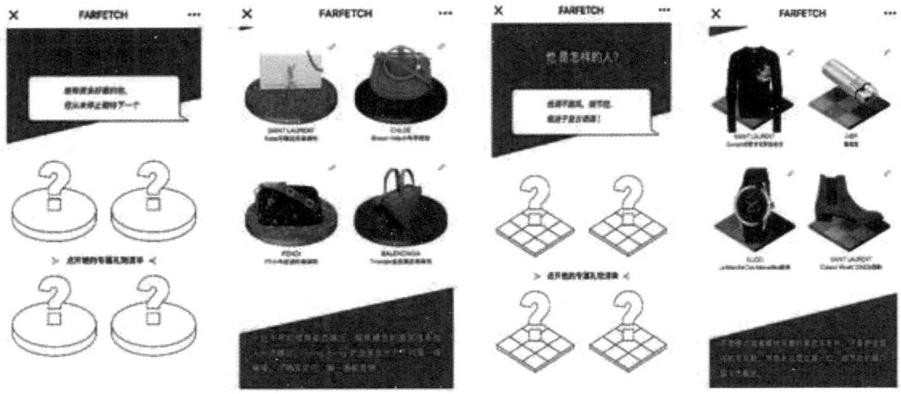

图 2.14–2 Farfetch 推出的“送礼送进心坎里”游戏页面节选

户选择点击不同按钮，发现各具特色的礼品推荐。如用户对其中任何礼品感兴趣，可以点击其图标，自动跳转至Farfetch精品商城小程序，直接下单购买(图2.14–2)。

营销效果

Farfetch 在中国的知名度和市场地位在短期内大幅提升。作为 200 家高端奢侈品牌和 500 多家精品买手店的首选合作伙伴，Farfetch 在中国已拥有完善的业务。中国是全球奢侈品消费大国，且相比其他国家增长潜力巨大。在中国的成功营销无疑助推了 Farfetch 于 2019 年 1 月在纽约的成功上市（纽约证券交易所：FTCH），目前市值 53 亿美元。

Farfetch 在中国的亮眼表现也增强了其合作者京东集团的信心。2019 年 2 月 28 日，Farfetch 和京东宣布深化双方的战略合作：京东的奢侈品电商平台 Toplife 将合并到 Farfetch 中国。此外，Farfetch 将获得京东 APP 的一级入口，让京东超过 3 亿活跃用户可以便捷选购超过 3000 个奢侈品品牌的商品。

分析解读

目前中国 80% 的奢侈品门店集中在 GDP 排名前 15 的城市，但消费奢侈品的富裕阶层中，仅 25% 的消费者生活在这些城市，供需之间的不匹配，让奢侈品牌急需借助线上平台和社交媒体拥抱年轻消费者，夺回对流失的消费者的掌控权。

以微信、微博为代表的社交媒体是几乎所有奢侈品牌和零售商在中国经营时要利用的平台。问题是，如何在众多试图吸引相同消费群体的竞争对手中脱颖而出？Farfetch 的答案是“游戏化”，这对于吸引中国年轻一代的注意力非常有效，因为这些年轻人就是“数字原住民”，并痴迷于移动游戏。

在游戏内容的设计上，Farfetch 做到了以下几点：

（1）让目标客户触手可及并参与互动；

（2）传播和发布对目标客户有价值的信息；

（3）让消费者与品牌或产品产生联系。

就像电流需要电压才能传输一样，社交媒体营销一定要增大营销内容的传播动力。Farfetch 通过分享给好友获得 1 个 FF 时尚值，累积 3 个 FF 时尚值即有机会赢取厚礼的方式，使得其游戏具备充分的传播动力。Farfetch 依托既有的社交关系链进行传播，加上社交关系链附加的高信任度，取得了极佳的营销效果。

参考文献

[1] Pan, Yiling. How Farfetch Leverages Its WeChat Strategy[OL] （2018-11-22） [retrieved on 2019-2-27] Jing Daily（精日传媒）https://jingdaily.com/farfetch-wechat/

[2] （美）特蕾西·L.塔腾，迈克尔·R.所罗门．社交媒体营销[M]. 北京大学新媒体研究院社会化媒体研究中心译．上海：格致出版社，2017.

[3] Farfetch 微信公众号及精品商城小程序

2.15 品牌广告案例

一个“藐视”伦敦的“法国人”

无论是知名品牌还是普通品牌，其导入目标新市场的通常操作手法一是广告，二是开店。本案是 LOUIS VUITTON 品牌首次登陆英国伦敦市场时其专卖店的橱窗广告。为了能在当时高端的英国伦敦市场一举成名，LOUIS VUITTON 品牌策划了一个能使伦敦市民震惊的橱窗形象——一个骄傲的法国人。

营销知识点

（1）广告不仅要挖掘产品本身的卖点，同时还要赋予产品一种人性化的形象。

（2）每一则广告都必须被看成是对品牌形象这种复杂的象征符号做的贡献，被看成是对品牌形象所做的长期投资的一部分。

[注：奥格威品牌形象理论。奥格威（David Ogilvy），1911 年生于英国苏格兰奥。1948 年，在美国创建奥美广告公司，后在其经营管理下，发展成为由 53 个国家或地区设有 278 个分公司的跨国广告公司。]

案例呈现

1885 年 5 月 1 日这一天，伦敦上空雾气弥漫，伦敦人的情绪也略有不安。在牛津街 289 号的上空飘扬着一面法国的红白蓝旗帜，旗帜下显现的是一个灯光照亮的橱窗，橱窗里的布置让在场的英国人有点惊讶：沙地四周围绕着异国情调的树，一个像是殖民地军官使用的行李床，伸展开的鬃毛弹簧床上有一个蜡像，穿着法国轻步兵的军装。

不得不承认这是一个有着强烈视觉冲击力的创意广告。

广告效应

面对LOUIS VUITTON品牌塑造的征服者形象，引发了伦敦市民的强烈反应，伦敦人想看看究竟是谁发动了这场带有挑衅色彩的橱窗秀。当地媒体则对胆大妄为、敢在牛津街上开店的“法国行李箱制造商”LOUIS VUITTON品牌大肆评论，险些成为政治事件。

面对品牌广告的热议，路易·威登和其儿子乔治·威登有着截然不同的态度。乔治提出了“这个时候应该改变一个橱窗造型”的建议，而路易·威登则强烈反对，他认为法国的轻步兵将会吸引客人而不是疏远客人，并要求将此橱窗形象一直保留。事实证明路易·威登的决策是正确的。

数周后，走过LOUIS VUITTON品牌专卖店的路人对此或好奇或震惊或欣赏，但没有一个人对它漠然视之。

为什么LOUIS VUITTON品牌要以“法国轻步兵”的橱窗形象导入伦敦市场？

法国的轻步兵形象是否与LOUIS VUITTON品牌定位一致？

品牌导入新市场时，如何引发当地市场的追捧？

面对心中困惑的问题，我们试图通过分析解读来找到合理的答案。

分析解读

有一个事实必须接受：在当时，法国品牌（巴黎市场）与英国品牌（伦敦市场）相比是低端与高端的关系。

LOUIS VUITTON品牌要从法国市场进入英国市场，品牌是由低向高爬坡的过程。如何创造一种强烈的可读性的视觉语言，给目标（高端）市场的消费者一个全新的形象体验，让伦敦的消费者知晓有一个法国品牌叫LOUIS VUITTON。这应该能视作为LOUIS VUITTON品牌创造本案的初衷。

全新的LOUIS VUITTON品牌专卖店橱窗形象元素有五个：法国国旗，沙地，异国情调的树，品牌产品（行李床），法国轻步兵蜡像。

我们认为：橱窗广告的关键元素是法国轻步兵蜡像。缺少了这一元素则不可能产生轰动的社会效应。

我们判断：法国轻步兵蜡像形象在英国（伦敦）高端品牌市场起决定性作用。

我们解读：品牌塑造本身与轻步兵形象无关，法国轻步兵形象本身也不代表高端的奢侈品。但是，法国轻步兵在英国街头推出就贡献了或暗示着一种“征服、殖民、力量、生命”的品牌视觉语言。在解读拥有“征服、殖民、力量、生命”内涵的 LOUIS VUITTON 品牌时，英国人感到了前所未有的挑战，愤怒和震惊占据了英国人心理，并因此引发一场社会舆论的报道。LOUIS VUITTON 品牌通过广告形象的转换，成功地实现了品牌在英国伦敦的登陆。

参考文献

[1]（法）博维希尼．路易·威登——一个品牌的神话[M]．李爽译．北京：中信出版社，2006.

2.16 品牌公关案例

MIZUNO 的高尔夫之路

图 2.16-1 MIZUNO 品牌 Logo

营销 4P 组合中的促销（Promotion）包括广告、公共关系、营业推广及人员促销。品牌赞助是公共关系（简称“公关”）的主要形式之一。运动品牌的推广常常采用赞助赛事的方式。本案例中的 MIZUNO 品牌（图 2.16–1）长期坚持对高尔夫赛事和选手进行赞助，从而逐步进入日本本土及国际高尔夫球具市场，并站稳脚跟。

营销知识点

1）公共关系

公共关系（Public Relations，缩写为 PR）是指某一组织为改善与社会公众的关系，促进公众对组织的认识、理解及支持，达到树立良好组织形象、促进商品销售的目的的一系列公共活动。

2）公共关系与广告之间的联系与区别

其联系表现在两者都依靠传播媒介传播信息，区别主要在于传播方式和传播周期不同。广告为了引人注目，可以采用包括新闻、文学及艺术在内的各种传播方式，可以运用虚构的乃至神话的夸张手法，以激发人们的兴趣，促进购买欲望。而公共关系主要采用新闻传播的手段，如新闻稿、新闻发布会、报纸、杂志等，其特点是靠信息的真实性、客观性及其内在的新闻价值说话。通常来说，广告的传播周期是短暂的，短则十天半月，长则数月一年，一般不会太长。而公共关系的传播周期则是长期的，其任务主要是树立整个企业的信誉和形象，急功近利的方式是很难奏效的。

3）赞助促销

指企业出资赞助如体育赛事、文艺活动、公益活动等，以冠名、现场媒介及信息免费发布、转播及后续新闻效应等手段提升企业品牌知名度和美誉度及销量的促销方式。体育、文艺及公益赞助促销的优点是短期内能提升品牌形象，比单纯地作硬广告传播效果更加明显，且体现企业的社会责任感，给公众留下良好的印象。但是，赞助促销费用动辄上千万，所以事先应严密论证，事中应严格执行，事后应有效评估。

案例呈现

MIZUNO 是日本美津浓株式会社于 1906 年创立的运动品牌，经过一个多世纪的不断努力，现已成为世界领先的运动器具、服装和鞋类生产商。高尔夫球具是美津浓旗下的主打产品品类（图 2.16–2）。

1965 年，美津浓株式会社在成立 59 年之后，主办了第一届美津浓职业高尔夫新人比赛。随后，美津浓株式会社先后赞助了 MIZUNO Gold Cup 美津浓全国高尔夫比赛、MIZUNO Tournament 美津浓高尔夫球锦标赛、MIZUNO LPGA Japan 美津浓日本女性职业高尔夫球手协会公开赛、MIZUNO Tokyo Open 美津浓东京高尔夫球公开赛、MIZUNO Open Golf 美津浓比赛等众多高尔夫比赛。先后

图 2.16–2 MIZUNO 品牌店铺

签约赞助高尔夫传奇人物西班牙的塞弗·巴雷斯特罗斯（Seve Ballesteros）、英国著名高尔夫球选手尼克·法尔多（Nick Faldo）、日本高尔夫球选手福岛晃子（Akiko Fukushima）等。

赞助效果

1977 年，美津浓高尔夫球具入选美国高尔夫球名人堂；1982 年，美津浓的第一款碳素球头高尔夫球具 Vanguard Drivers 正式上市；1986 年，美津浓开始在欧洲研发高尔夫产品；1990 年，世界上第一套结合了纯钛的高尔夫球杆 Ti–110 和 Ti–120 开始市售；1992 年，Notus Golf 球具正式开始市售并取得了市场极大的欢迎；1997 年，英国高尔夫用品跟踪调查中，使用美津浓高尔夫产品的俱乐部赢得了 292 项赛事中的 10 项桂冠；在美国职业高尔夫球巡回赛上，美津浓高尔夫球铁杆产品获得 4 项第一，铁杆的用量也位居第一。

MIZUNO 坚持不懈地赞助赛事，拉近了与消费者的心理距离，使消费者更容易理解企业的品牌文化，赢得消费者的认同和赞许，为建立良好品牌形象和进驻消费者的心里埋下了坚实的伏笔。

在高尔夫球赛事外，几十年来美津浓还赞助了马拉松、足球、棒球等比赛，2018 年，公司的销售收入达 1854 亿日元，拥有 4000 多名员工。

值得我们思考的是：

MIZUNO 可否采用广告的形式进行品牌推广？

MIZUNO 坚持赞助专业赛事对其品牌传播产生了什么样的影响？

随着高尔夫赛事的发展，各种组织和级别的赛事日益丰富，MIZUNO 品牌是如何加以选择、考量赞助的赛事？

分析解读

高尔夫是一项高档的休闲运动，相较于其他运动来说，它的运动爱好者人数较少，因此品牌传播方式和大众运动产品有所不同。选择赞助赛事进行品牌宣传比运用广告针对性更强，能真正把财力集中于目标消费群体上。

MIZUNO 通过主办冠名高尔夫赛事、赞助专业大赛、推动高尔夫运动的发展、签约优秀高尔夫选手等做法在专业高尔夫领域赢得了信任。赛事赞助属于品牌公关的概念，MIZUNO 是一个拥有多种类运动产品的体育品牌，所以高尔夫赛事也会为其他的运动项目带来联动效益。

赛事赞助一般无法直接看到短期收益，要有连续性，不能仅看眼前利益。高尔夫在中国还是一个需要普及的运动项目，而赞助赛事正是推广这个运动的一种手段。但是，目前国内各类高尔夫商业赛事层出不穷，水准也是参差不齐。因此，MIZUNO特别注意选择合适规模和级别的赛事为品牌塑造出专业的形象：一看是否具规模、够级别、有影响力；二看赛事的水平和组织能力，赛事承办者必须是高效、专业，赛事管理经验丰富、人员配置齐全，在业界有良好口碑的管理公司。

参考文献

[1] MIZUNO官方网站[OL]. [2019-3-27]. http://www.mizuno.com.
[1]（美）弗雷泽·P. 西泰尔. 公共关系实务（第13版）[M]. 潘艳丽，吴秀云译. 北京：清华大学出版社，2017.

2.17 奥运营销案例

奥运植根于 adidas 品牌

在所有的奥运赞助商里，adidas 至少创造了两个之最：赞助了最多的运动员和最多的运动队。对于这家历史悠久的体育用品公司来说，奥运就像 DNA 一样融入到品牌里面。为什么会有一家公司对奥运会具有如此高度的热情？奥运会与 adidas 之间有哪些故事？

营销知识点

1）体育营销

体育营销（Sports Marketing）是指以体育活动为载体来推广自己的产品和品牌的一种市场营销活动，是市场营销的一种手段。体育营销包括两个层面：一个层面是指将体育本身作为产品营销；另一个层面是指运用营销学的原理，以体育赛事为载体而进行的非体育产品的推广和品牌传播等营销现象。

1）赞助营销

赞助营销（Sponsorship）是指企业通过资助某些公益性、慈善性、娱乐性、大众性、服务性的社会活动和文化活动来开展宣传，塑造企业形象和品牌，实现广告的目的，从而促进产品的销售。它融合了两个方面的特点：销售推广与公共关系。赞助营销是企业的一种软性广告，这种广告的效果是其他形式的广告所无法比拟的。体育赞助能将运动项目形象与企业品牌形象有机结合起来；转移机制的起点是赞助，形成认知、产生兴趣、依恋、增强渴望、直至顾客购买，转移过程结束，运动项目内涵附着于品牌，而转移效果的强弱取决于调节变量，即取决于运动项目与赞助企业的相似性、赞助级别、运动项目的频率及产品的复杂程度。

案例呈现

1）在奥运会中成名的 adidas

（1）第一次世界大战后，阿道夫・阿迪・达斯勒（Adolf Adi Dassler）通过转卖德国军队的剩余物资获得了一些资金，凭着对体育的热爱，他决定投身体育产业。1920 年，阿道夫在他母亲的洗衣店里做出了第一双训练用运动鞋。这之后，他与哥哥鲁道夫・鲁迪・达斯勒（Rudolf Rudi Dassler）开办了达斯勒制鞋厂。

（2）1925 年之前，阿道夫的手下有 12 个工人，他们每天能做出 50 双鞋。为了打开销路，弟弟鲁道夫提出让顾客免费试穿的方法。因为阿道夫推崇工艺和品质，并热衷于创新，他们的鞋质量过硬、穿着舒适。一个月过后，试穿的顾客陆续找到他们，有的付款，有的继续订做，他们由此打开了鞋的销路。几年之后，俩兄弟生产的鞋在当地已经相当有名，业务也在逐步向外地扩展，于是他们正式

图 2.17-1 adidas 店铺

建立了“adidas 制鞋厂（Gebr ü der Dassler Schuhfabrik）”。为了帮助运动员达到最佳成绩，他们在运动鞋的设计、研发和制作等一系列流程中都保持着与运动员的紧密联系，听取他们的意见，一个个崭新的技术也在他们的推动下诞生了。阿道夫更是由此而拥有了 700 多项产品专利权，其中包括第一双带钉的田径鞋、第一双铸模橡胶钉的足球鞋、可更换鞋钉的田径鞋、拧入式鞋钉的足球鞋、有史以来最轻的田径鞋、第一双慢跑鞋等。可是，他们的品牌距离世界体育用品名牌还有相当大的距离（图 2.17–1、图 2.17–2）。

（3）1928 年，第 9 届奥运会即将在荷兰阿姆斯特丹举行。阿道夫从中看到了商机，他立即带上自己制作的运动鞋样品赶往阿姆斯特丹。阿道夫认为，只要有足够多的运动员在奥运会上穿他的鞋子，就可以让全世界的人了解和肯定他的产品。最终，经过阿道夫一个月的产品示范和游说，adidas 跑鞋成为那届奥运会的比赛用鞋。事实正如阿道夫所希望的那样，全世界的体育爱好者通过奥运会认识了 adidas 运动鞋，他们由此初步打开了局面，产品开始有了出口，并频频出现在各项大赛奖牌获得者和新纪录创造者的脚上。

（4）1936 年，第 10 届奥运会在德国柏林举行，adidas 也真正开始了扬名世界之旅。依靠奥运会东道国厂商的优势，adidas 发明了专供短跑运动员使用的钉

图 2.17–2 第一双 adidas 跑步钉鞋

鞋。他们还在奥运会比赛前夕，找到了极有希望夺冠的美国短跑名将杰西·欧文斯（Jesse Owens），向他保证钉鞋对他的比赛肯定有利。但 adidas 的这一建议一开始被杰西·欧文斯拒绝了，阿道夫又建议他在赛前训练中试穿。试穿之后，杰西·欧文斯感觉非常好，于是同意在奥运会的比赛中使用 adidas 的钉鞋，并最终夺得了 4 枚金牌。杰西·欧文斯的成绩震惊了世界，adidas 亦随之成功地赢得了世界的关注，在体育运动用鞋中脱颖而出。

（5）1956 年墨尔本奥运会时，adidas 推出了附属品牌“墨尔本”，这个品牌被用来命名 adidas 新研制的改进型多钉扣型运动鞋。在那届奥运会上，穿 adidas 运动鞋的选手共获得了 72 枚金牌，从而使 adidas 品牌知名度得到了更大的提高。

（6）在 adidas 借助奥运会成功跻身世界名牌运动品行列之后，阿道夫的长子霍斯特·达斯勒（Horst Dassler）在他父亲的营销禀赋上更胜一筹。霍斯特·达斯勒率先将“adidas”品牌在视觉上与运动员、运动队、大型比赛和相关体育活动联系起来。在他的倡导下，adidas 成为第一个向优秀运动员免费赠送运动鞋的公司，第一家与运动队签订长期提供球鞋和球袜合同的公司。这一系列的营销活动使人们在许多世界级的比赛中看到大多数运动员的脚上穿着的是 adidas 运动鞋。

（7）当然更让 adidas 重视的还是奥运会。因为奥运会在人们的心目中有着崇高的地位，它不仅能够为优秀运动员提供一个大舞台，也为各种运动项目所使用的运动鞋展现不同功能创造了最好机会。与三星和可口可乐等公司相比，adidas 的运动装备作为一种商品更能实质性地融入比赛，因而奥运会被 adidas 视为最理想的赞助对象。adidas 通过技术上的不断创新和借助奥运会的品牌推广发展战略，到 20 世纪六七十年代时，已经成为世界第一体育用品品牌，具有无可匹敌的优势。

（8）然而自 1978 年阿道夫去世后，adidas 陷入了历史上最惨淡的一幕。到 1992 年时，adidas 的市场占有率只有 3%。此时罗伯特·路易斯·德雷弗斯（Robert Louis Dreyfus）入主 adidas，他们重新制定了发展方向，调整赞助活动、计划和品牌普及等。在 1992、1996 和 2000 年奥运会时，他虽然没能成为奥运会的赞助商，但其在每届奥运会上都为许多个国家的数千名运动员提供装备，这使得 adidas 的品牌和名字依然可以出现在每一届的奥运会上，从而帮助 adidas 重新回到世界一流运动品牌的行列。

（9）现在，adidas 正在全力夺回世界第一大体育运动品牌的荣誉。

（10）2005 年 8 月，他们以 38 亿美元成功收购 Reebok。此前，Reebok 在世界体育运动品牌中排在第三位。这一运动品牌收购历史上的最大手笔表露了 adidas 称霸世界的野心。两家公司一致认为，同耐克竞争的最好方式就是联合起来。市场分析师认为，收购 Reebok 能够给 adidas 增添一块重要的资产，这就是可以借助 Reebok 在新兴市场提升品牌影响力，尤其是在亚洲，如中国、韩国和马来西亚等。拥有了 Reebok 就意味着 adidas 不需要把其本身品牌延展到遥远的中国，因为 Reebok 已经凭借姚明大大增强了品牌影响力。

2）推动奥林匹克运动会进行历史性变革的 adidas

奥林匹克运动会是当今世界上最成功的体育赛事，代表着体育运动的全球最高水平。但在二三十年前，没有人会这样认为。1972 年，在交出象征国际奥委会主席权位的钥匙时，美国人艾弗里・布伦戴奇（Avery Brundage，国际奥林匹克委员会第五任主席）略显迟疑地告诉他的继任者迈克尔・莫里斯・基拉宁（Killanin Michael Morris，国际奥林匹克委员会第六任主席）：“你不大会用得到它们，我相信奥林匹克运动撑不了几年。”实际上，他预言奥运会的消亡在下任主席任期结束前就会到来。胡安・安东尼奥・萨马兰奇（Juan Antonio Samaranch，国际奥林匹克委员会第七任主席）后来也回忆说：“当我 1980 年出任国际奥委会主席时，情况看起来很不妙，说实话前景非常黯淡，没几个人认为国际奥委会还有存活下去的希望。正如有些人还能回忆的那样，当时没有几个城市申办奥运。我们的资金很有限，奥林匹克运动一盘散沙。”《每日经济新闻》写道：“当时国际奥委会只有不足 20 万美元的流动资金以及 200 万美元的其他资产。唯一有挖掘潜力的资金来源是美国的奥运会电视转播费，但也由于政治问题面临危险。”对于奥运会的商业开发混乱、缺乏科学管理的状况，萨马兰奇的密友、adidas 公司的总裁豪斯特・达斯勒（House Dassler）在 1983 年第 86 届国际奥委会全会上直言不讳地批评道：“国际奥委会拥有世界上最有价值以及最被追捧的财富，但是奥运五环是现存的开发最不够的商标。世界上任何一个大公司都不会容忍这样的局面。”Dassler 并不是要改变奥运会运行的方向，而是让原本就商业化的行为更加地职业化。

萨马兰奇上任以后，决定改变这一切，建立奥林匹克运动的经济基础是其三大目标之一。他找到了自己的好朋友、adidas董事长豪斯特·达斯勒，谈论如何为奥林匹克运动创造一个全球营销战略。为了更好地完成这一设想，豪斯特·达斯勒于20世纪80年代在瑞士成立了ISL公司，老部下麦克尔·佩恩（Michael Penn）也加盟该公司，并当上了奥林匹克项目的主管，从此介入奥林匹克品牌的开发。热心体育事业的adidas公司老板豪斯特·达斯勒、ISL公司执行副总裁尤尔根·兰（Jurgen Lance）和ISL公司奥林匹克项目主管麦克尔·佩恩（Michael Penn，后来任国际奥委会市场总监）这三个了不起的人物，在一起碰撞出了激情的火花，为现代体育运营模式规划蓝图。当然，他们智慧的头脑最终还要经过萨马兰奇的审核。上述三人制定了一个一揽子计划，将所有权利捆绑在一起——国际奥委会、冬季奥运会、夏季奥运会，还有超过160个国家和地区的奥委会，形成一个单一的四年独家营销一揽子方案为商家介入奥运会提供“一站式购物”的便利。这个计划被赋予一个秘密代号“TOP”，这个词当时没有包含什么特殊的意义，只是个“奥林匹克谜题”（The Olympic Puzzle）；直到这一计划终于完全建立，TOP这个代号才被赋予“奥林匹克计划”（The Olympic Programme）的名称，再往后，被正式命名为The Olympic Partners来强化一个“伙伴”的概念。在营销界，TOP已经变成一个具有自己独特内涵的品牌。TOP计划实际上是一项排他的赞助计划，加盟TOP计划可以享受别人无法享有的权益，这正是其吸引力所在。

（遗憾的是，豪斯特·达斯勒于1987年4月突然去世，年仅51岁，他没能看到自己为奥林匹克营销所设计的景象真正实现。他协助构筑了TOP计划的根基，这一计划让国际奥委会的财政状况彻底改变，甚至根本改变了整个体育营销界对于赞助的基本理念。）

3）2008北京奥运会中的adidas

（1）adidas品牌

作为北京奥组委官方体育装备合作伙伴，adidas也享有深度“联姻”的权益。这种“联姻”分三个层面：第一个层面为北京奥组委，所有中国运动员、志愿者、火炬护跑手、官员等，都将身着特别设计的富有中国特色的adidas服装。

第二个层面，与2008年北京奥运会中国体育代表团合作，运动员的领奖装备由adidas提供。第三个层面，与中国足协、排球协会、柔道协会合作，adidas还与诸多体育明星签约，如马晓旭、彭帅、郑智、胡佳等，adidas在奥运营销的方方面面都有接触点。此外，在北京奥运会的28个比赛项目中，除了帆船和马术以外，adidas将为其中26项比赛的运动员提供专业的比赛用产品。

（2）Reebok品牌

被adidas集团以38亿美元成功收购的Reebok品牌代言人是姚明。adidas总裁赫尔伯特·海纳（Herbert Hainer）在北京奥运会的采访中不止一次提到姚明："在选手当中，我们有很多优秀的代表，比如姚明，他拥有非常好的形象，在中国具有难以抗拒的影响力。"

奥运营销

1）在奥运会中成名的adidas——延续奥运赞助的集团战略

adidas自1928年起就一直赞助奥运会上的运动员；自1982年起又增加了对奥运会的赞助。80年奥运会合作渊源，16个国家和地区奥委会，包括中国3000多名adidas签约运动员。具有排他性的奥运赞助权，成为同行竞相争夺的品牌高地。为了争取2008北京奥运会的赞助权，adidas董事长兼首席执行官赫尔伯特·海纳（Herbert Hainer）曾公开表态："我们会不惜一切代价去争取这个权利。"adidas最终凭借13亿元巨资击退准备付出10亿元的李宁品牌，拿下赞助权。成功签约成为北京2008年奥运会合作伙伴。

2）推动奥林匹克运动会进行历史性变革的adidas——改变了奥运会，改变了世界运动史

TOP计划是在洛杉矶奥运会之后的1985年3月开始实施的，汉城奥运会赞助计划所取得的商业成功，为1992年阿尔贝维尔冬奥会和巴塞罗那夏季奥运会的第二期TOP计划铺平了道路。自诞生之日起，TOP计划的赞助金额就见涨不见落，第一期门槛为400万美元，到了现在正在执行的第六期，已经达到6 500万美元。2010年温哥华冬奥会所吸引的第一笔赞助，就几乎是1980年普来西德湖冬奥会所吸引总赞助金额的三倍。从此，4年一大笔可观且不断增长的固定收入很快成为奥林匹克运动的"大动脉"。

3）2008 北京奥运会中的 adidas——借助奥运，借势亚洲运动风

作为与奥运牵手 80 年的跨国公司，adidas 用足够的经验和资源来筹划 2008 年北京奥运营销，但是它并未满足于既有的一切。在 2008 年日益临近的时候，中国很有可能取代美国成为最大的体育用品消费市场。因此大品牌在中国市场的竞争不可避免地会愈加激烈。借助 2008 北京奥运会，把亚洲尤其是中国推向 adidas 未来几年工作重点的位置，它不得不投入更大的精力、更多的财力，小心翼翼地对待这一有望带来滚滚财源的巨大商机。

奥运赞助已经成为支撑 adidas 发展的重要促销战略。那么，奥运营销活动确实能够让消费者注意到奥运赛事背后“慷慨解囊”的赞助商么？

奥运赞助权的获得是否就是一次性的成功？还需要后续推广工作吗？

奥运会赞助商的权利可能被侵害吗？

奥运赞助风险来自哪些方面？如果有可能，如何应对？

分析解读

奥运营销的真正内涵在于奥运文化的运用，而不只是单纯地利用消费者对奥运会本身的关注，企业如能在体育运动、品牌、消费者之间建立紧密的联系，对于品牌的打造和建立消费者对品牌的偏好无疑是很有好处的。有数据显示，常规营销每投入 1 亿美元可以提升品牌价值 1%，而奥运营销则是其的三倍，产品销量的增长也同样如此。比如，联想加入奥运 TOP 计划一年后，其品牌价值从 307 亿元人民币一下子越过了 600 亿元大关，品牌美誉度也从 53% 上升到了 62%，产品销售拉力净增 4%。来自 2006 年 5iSurvey 公司的一份互动调查也佐证了这一点：企业认为奥运营销使市场扩大的比例占了 55.7%，获得品牌国际化机遇和走向全球化的比例则分别为 52.5% 和 42.9%。

奥运会赞助商地位的确认只是奥运营销的开始，还需要投入更多的推广工作和费用。虽然没有固定的金额方程式，但一般来讲，如果投入一块钱赞助，之后还需要 2 ~ 3 块钱做推广。为了 2008 北京奥运会，adidas 从 2005 年开始陆陆续续做品牌推广的事情，包括设计奥运会官方服装、提供专业运动装备、大型品牌推广活动、设计打造新型奥运系列运动产品并投放市场、增加门店数量等，通过最为深广的触角，充分借势 2008 开展奥运营销。

奥运会的赞助商权利可能会改变。40多年来，“三道杠”一直出现在adidas赞助的奥运会运动员服装上，没有面积限制，其他的商标却一直不得超过20平方厘米。这是因为“三道杠”只被当作设计图案，而不是商标（如Nike的“斜钩”、Puma的“美洲狮”商标标识）。在2006年冬奥会的开幕式中，Nike、Puma、Reebok以及英国运动休闲装生产集团Pentland（该集团旗下包括Ellesse鞋类及服装、Speedo泳装等），向瑞士洛桑的国际奥委会申诉，反对adidas在奥运会中的特权待遇，要求奥委会主席雅克·罗格（Jacques Rogge）取消“三道杠”的特殊地位。奥委会根据世界范围内的“三道杠”商标注册情况调查得出结论，“三道杠”不能再仅仅被视为图案设计，而应该被当作商标。因此，现在adidas也被奥委会的销售行为准则所束缚，即运动员服装上任何商标的面积将不能超过20平方厘米。自2008年北京奥运会之后，adidas三道杠商标再也不能大面积出现在服装上了。

同时，奥运营销的含金量和前所未有的巨大商机使得很多企业趋之若鹜，这也是adidas等企业不惜重金的原因所在。然而，能不能得到相应的商业回报才是赞助企业最终要考虑的问题。如同奥运竞技的成功与失败总是相生相伴一样，奥运赞助商的头衔对于某些企业来说是福音，而对于另一些则是噩梦——50%，这是奥运会赞助企业中的失败比例。奥运营销绝非是将企业Logo与五环标志放在一块儿那么简单，它是一门精深的学问。连可口可乐也曾惨败于1992年的巴塞罗那，付出3300万美元的结果是只有12%的观众认知他们的赞助商身份，甚至有5%的观众误认为百事可乐是官方赞助商。

除了奥运营销本身的风险之外，来自非奥运营销的威胁也值得警惕。对奥运会这一重要体育事件的运用，至少有两种方式可以运用：第一种是赞助奥运，第二种是拦截式奥运或者埋伏式奥运。所谓奥运营销，就是企业围绕奥运会这一体育平台，来组织自己的品牌营销活动，可口可乐、三星、adidas都做得相当出色。而奥运拦截式营销，就是在消费群观看、关注奥运会的时候，用品牌广告和推广活动进行拦截。比如说找奥运会的奥运冠军、体育明星、体育项目、代表团来制作广告，赞助或者冠名相关电视栏目，或者在奥运会场周边做一些广告等。实际上，非奥运营销是奥运营销的另一面。在奥运会历史上，有很多品牌做拦截式营销的经典案例。早在1996年亚特兰大奥运会的时候，Nike就已经实行过非奥运的营销战略。当时，Nike在奥林匹克城和奥林匹克公园设立了体验中心，让观众免费体验运动的快乐。此外，雇佣很多大学生分发胸牌挂绳，便于观众携带门票。这一策略，甚至让一些人误以为 Nike 就是赞助商，而非事实上的 Reebok 公司。奥运营销是面向奥运会、围绕奥运会、支持奥运会，从而影响消费者；而非奥运营销是面向消费者、围绕消费者、支持消费者，参与奥运会。

参考文献

[1] ADIDAS 集团官方网站 [OL]. [2019-03-14]. https://www.adidas-group.com/en/.
[2] ADIDAS 官方网站 [OL]. [2019-03-14]. https://www.adidas.com/us.

附录

附录 1　商标发展历史时间表

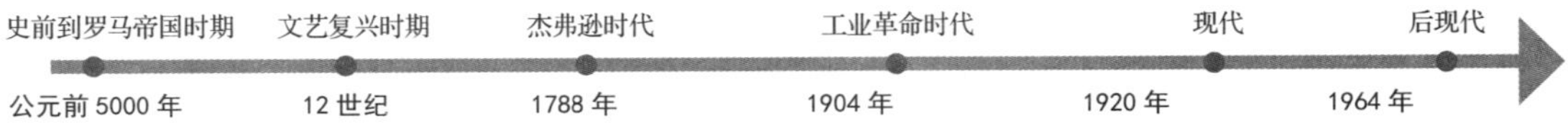

资源来源：http://www.lib.utexas.edu/engin/trademark/timeline/tmindex.html

从史前到罗马帝国晚期的商标

从遥远的史前时代起，人类就开始使用商标来表明他们的物主或产品生产者的身份。研究表明，原始人类很可能使用商标来显示他们对牲畜的拥有权。后来，商标开始用来保护商品的制造者，并标明了他们对保障产品质量的义务。商标的效用在罗马帝国时代达到全盛。

- 公元前 5000 年　绘有野牛的洞穴岩画两侧标有各种符号。据推测，这些符号就是用来表明主人对其的所有权。同时，陶器上也发现有标记。
- 公元前 3500 年　美索不达米亚地区的商品以圆柱形的印章为标记。克里特岛的克诺索地区则发现石刻。
- 公元前 3000 年　埃及第一王朝的砖头、陶器、矿石和屋瓦上发现表明所有权的标记。
- 公元前 2000 年　科林斯附近发现陶艺篆刻。
- 公元前 6 世纪至 3 世纪　希腊本土制造的陶器刻有印章。
- 公元前 500 年至公元 500 年　文献记载了罗马帝国时期商标在经济贸易上的使用。其中，所有的砖块被打上了标记。

文艺复兴时期的商标

在罗马帝国衰弱期到文艺复兴时期之间，商标是如何使用的，文献中鲜有记载。在此期间，商标的目的和作用变化巨大。它们起先是为了保护消费者利益，注明产品制造者的身份。但很快就演变成对制造者身份以及行业协会的身份表明，并且保护行业协会对该产品的制造垄断权。因此，在这一阶段，商标逐步被认为是对制造商的一种受益。在那个年代，人们普遍认为广告是一种不公的优势，因此，制造商的名声就和他的商标联系在一起。最终，商标所代表的产品价值被大众认可，但并没有明确的法律条文保护这种价值。

- 12 世纪　贸易协会开始使用商标。
- 13 世纪　钟表制造商开始使用商标。意大利率先开始使用水印，也被称为“纸印”。
- 1266 年　关于商标的最早英文法律诞生：《面包商标法》。一些西点师在面包上打上标记，另一些则在面包上戳小洞。
- 1353 年　通过关于商家可以提供产品商标作为证明其产品所有权的证据，从而防止被盗版的法律章程。
- 1365 年　在伦敦，刀刃制造商获得他们对产品的垄断权，并对他们的商标申请保护。
- 1373 年　通过关于要求瓶子制造商在瓶子和其他皮制容器上打上商标以表明制造商身份的法律条例。
- 1452 年　有关商标的最早诉讼：一名寡妇被获准使用其已故丈夫曾用商标。
- 15、16 世纪　各种商标问世。相关法律变得更加严格。
- 1618 年　第一起商标侵权案：苏斯・V. 豪（Southren V. How），一个专门用劣质布料制衣的服装商，使用了一家高级服装商的商标。这起案件被认为是中世纪的商人商标和现代商标化商标之间的过渡。
- 1653 年　荷兰皇家彩陶工厂在荷兰代尔夫特建立。当时，这些欧洲瓷器制造商通常使用曾受启发的中国瓷器相类似商标。

杰弗逊时代到工业革命初期的商标

我们今日熟悉的商标使用形式在这一时期已初现端倪。托马斯・杰弗逊（注：美国第三任总统，1743 ~ 1826）极力提倡为商标立法。第一起有关商标法案结束后，相关法律已出台。商标至此成为合法财产。而各种品牌名称开始为消费者所熟悉。

- 1788 年　美国商标保护始于对帆布制造业商标的保护。
- 1798 年　任何货物被要求必须贴上标签或加盖印章。
- 1791 年　出于对帆布制造者们提出的要求，杰斐逊建议在宪法商业条款的基础上为商标立法。他提议，联邦法中对商标的保护仅限于出口到海外或印第安部人领地的商品。在美国各个州内销售的商品由各州立法保护，而州际间的商品流通则不受法律保护。

- 1842 年　密歇根州颁布一项法令，要求那些生产加工材料的地区对原木材料的商标进行登记。
- 1857 年　法国颁发《商标法》。
- 1862 年　英国颁发《商标法》。
- 1870 年　基于《美利坚合众国宪法》中专利和版权条款，通过设立商标法条例。但此后该条例被废除。Averill Paints 成为第家对其商标进行注册的公司。
- 1872 年　美国专利和商标局公报开始发行。
- 1876 年　Bass® 啤酒厂成为第一个在英国注册商标公司。
- 1881 年　基于《美利坚合众国宪法》中的商业条款，美国通过了商标法。法律规定与外国或印地安部落进行商贸往来的注册商标进行保护。而美国本土州际间的商贸往来不受法律保护。
- 1883 年　在保护工业产权巴黎公约，首次达成国际商标协议。与会国家表示将像保护本国商标一样也为他国注册商标提供保护。
- 1887 年　可口可乐（Coca Cola®）作为一种补充能量的饮料商标进行了注册。
- 1895 年　桂格（Quaker®）作为燕麦商标进行了注册。

工业革命时代的商标

美国商标法在此期间发生了戏剧性变化。在全新法令颁发后，那些已经为消费者所熟悉的公司争先恐后地赶去为他们的商标进行了注册。

- 1904 年　2524 份要求注册商标的申请记录在案。
- 1905 年　2 月 20 日颁布的商标法，通过了拓展注册权限，即在 1881 年商标法的基础上，将州际间的商贸往来也纳入保护范围。这一举措赋予了商标保护新的意义与力度。

  当年的商标注册申请达 16224 份，而其中的 415 家商标沿用至今。

  这些广为人知的商标有：

  帽饰商标 Stetson®，该商标在 1866 年首次使用。

  润肤品商标凡士林（Vasellne®），该商标在 1870 年首次使用。

  面粉商标 Pillsbury®，该商标在 1866 年首次使用。

  缝纫机商标胜家（Singer®），该商标在 1880 年首次使用。

  月刊杂志商标《女士家居（Ladies' Home Journal®）》，该商标在 1883 年

首次使用。

面包粉商标 Calumet®，该商标在 1889 年首次使用。

手枪商标 Colt®，该商标在 1889 年首次使用。

啤酒商标 Schlitz®，该商标在 1894 年首次使用。

碳酸饮料商标百事可乐（Pepai–Cola®），该商标在 1896 年首次使用。

◆ 1914 年　在商业宣传中，Morton Salt 公司首次使用“When it rains it pours”广告语和“Morton 雨伞女孩”形象。

现代商标

品牌名和新产品带来的商业利益持续增长。商标潮流紧随时代变迁的步伐。《兰哈姆法》(*Lanham Act*，美国联邦商标法)为我们今日所使用的商标构筑了蓝图。

◆ 1920 年　新商标法通过是在 1905 年商标法基础上增加了条款。

◆ 1926 年　专利局成为商务部的一个部门。

◆ 20 世纪 30 年代　闪电栓（Loghtning bolts）成为显示美国工业力量的标志。

◆ 20 世纪 40 年代　二战前后，美国国民强烈的爱国主义精神在这一时期的商标意象中得到充分体现。

◆ 1946 年　7 月 5 日，《兰哈姆法》颁布。这部商标法延用至今。其目的是为了消除商品销售与服务方面的不公平竞争，并为商标所有者免受模仿者利益侵害提供保障。这部法律涵盖了诸如商标所有者享有联邦反侵权的保护、所能获得的保护种类、注册商标的程序等许多内容。同时，它允许服务行业的商标进行注册。

◆ 20 世纪 50 年代　软毛墨水笔的发明改变了其商标的外形。二战后，生产商的技术实力常被用来显示其产品的优越性。那一时期，火箭船和电子线圈是常见的商标图案。

后现代商标

在这一阶段，商标的表现形式开始呈现多样化。它们不再拘泥于有限的文字和平面图案，而可以是三维的，听觉的或是声音、色彩、气味的组合。万维网制造了新的商标问题，广告也因网络发生改变。新问题牵涉到域名以及由相似组合词引起的困扰。

◆ 1964 年　麦当劳（McDonald' s）将其店面建筑和拱门作为三维立体商标进行注册。

◆ 1971 年　美国全国广播公司把他们的播音内容（资料和台词）作为商标注册来显

示其广播服务。

- 1972 年　标准石油公司更名为埃克森（EXXON®）。
- 1977 年　可口可乐的瓶子作为一个三维立体商标进行了注册。
- 1987 年　wens Corning® 品牌将他们在 1987 年 5 月 12 日生产的隔热产品上涂的那种粉红色作为商标进行注册。
- 1991 年　Clarke' s Osewez® 品牌将他们生产的缝纫线和绣花纱上的香水味作为商标进行了注册。
- 1997 年　美国专利和商标局认为：互联网域名也应进行注册。
- 1998 年　美国专利和商标局的网页上能查到所有注册商标和服务行业标志的全部文案和图样。在互联网上的电子方式提交商标通过 TEAS（商标电子申请系统）成为可行。
- 1999 年　因特网名址分配公司采纳了世界知识产权组织的建议通过了《域名争端解决统一方案》。同年，该方案开始实施。美国颁布《反网域名称抢注消费者保护法》。
- 2003 年　美国已有超过 1600000 个注册商标。这个数字因为互联网的发展在过去 5 年里翻了一翻。

商标图像画廊

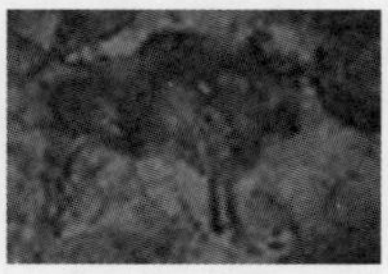
岩画

泥塑，陶艺

罗马砖

水印

金工

陶瓷

海盗

杰佛逊

登录商标

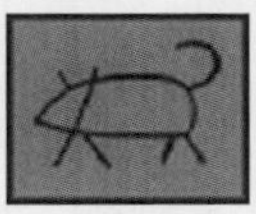
牛品牌

不寻常的痕迹

天体商标

实力意象

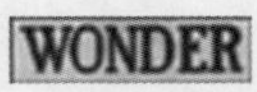

新品牌

附录2 国际服装品牌发展年表

世纪		年份	法国	英国	意大利	美国	日本	西班牙	德国	瑞士	荷兰	瑞典	挪威	丹麦	澳大利亚	韩国	加拿大	中国香港
17		1689		EDE & RAVENSCROFT														
19	帝政时期	1818				Brooks Brothers												
	浪漫主义时期	1825		Clarks														
		1837	Hermes															
		1844		Marks & Spencer														
		1841									C&A							
	克里诺林时期	1851		Aquascutum						Bally								
		1853				Levi's												
		1854	Louis Vuitton															
		1856		Burberry														
		1867	old england															
	巴瑟尔时期	1872	S.T. Dupont															
		1875							schiesser									
		1876	Chantelle															
		1882	Le coq sportif															
		1886							Triumph									
		1889	Lanvin			Lee												
	欢乐90年代	1892				ABERCROMBIE&FITCH												
		1893		dunhill														
		1895				Reebok												
		1898		T.M.LEMIN														

世纪		年份	法国	英国	意大利	美国	日本	西班牙	德国	瑞士	荷兰	瑞典	挪威	丹麦	澳大利亚	韩国	加拿大	中国香港
20	20 世纪初	1900		Burton														
		1905		F.L.CROOKS & CO.														
		1906					Mizuno											
		1907				Neiman-Marcus												
20	10 年代	1910			Ermenegildo Zegna													
		1911			Trussardi													
		1913			Prada													
		1918			Fendi													
20	20 年代	1921	Chanel															
		1923			Gucci													
		1923			Salvatore Ferragamo				Hugo Boss									
		1928		Bhs														
20	30 年代	1930	Lafuma															
		1932	ETAM															
		1932	Nina Ricci															
		1933	Lacoste															
		1937	Balenciaca															
		1938				COLUMBIA												
20	40 年代	1946	Dior															
		1946	Celine															
		1947																
		1948							Puma									
		1949		ASDA			Wacoal		Adidas									

世纪		年份	法国	英国	意大利	美国	日本	西班牙	德国	瑞士	荷兰	瑞典	挪威	丹麦	澳大利亚	韩国	加拿大	中国香港
		1950	FERAUD		Les Copains													
		1951			MaxMara	VF CORPORATION												
		1952	Givenchy															
20	50年代	1953			Missoni													
		1954											Saga					
		1957				PVH												
		1959					WORLD											
		1960			Mariella Burani													
		1960			Valentino													
		1961			Genny												Ports	
		1962	CHANTELLE GROUP															
		1962	Yves Saint Laurent			Coach												
		1964		Top Shop		ESPRIT												
20	60年代	1965				Oscar de la Renta												
		1967	Cerruti1881															
		1968	Sonia Rykiel		Benetton	Calvin Klein												
		1968				THE NORTH FACE												
		1968			Sisley	Ralph Lauren												
		1969		New Look		NINE WEST												
		1969				Gap												
		1969				LIMITED BRANDS												

世纪		年份	法国	英国	意大利	美国	日本	西班牙	德国	瑞士	荷兰	瑞典	挪威	丹麦	澳大利亚	韩国	加拿大	中国香港
20	70年代	1970				VICTORIA'S SECRET	Issey Miyake											
		1970				Bill Blass	Kenzo											
		1972				Nike											ALDO	
		1973		Monsoon		Patagonia											Roots	
		1975	Promod		Giorgio Armani	JONES APPAREL GROUP		Zara						Bestseller				
		1975			C.P.company													
		1975			Stone Island													
		1976				LIZ CLAIBORNE			Escada									
		1978			Diesel													
		1978			Versace													
		1978			Gianfranco Ferre													
20	80年代	1980			Moschino	Giordano	Muji									Eland		
		1981		Tie rack		Anna Sui												
		1982		NEXT														
		1983	KOOKAI			Chico's FAS												
		1983				CINTAS												
		1984					Uniqlo	Mango										
		1985				Donna Karan												
		1985			Dolce & Gabbana	Tommy Hilfiger												
		1986			TOD'S													
		1987	LVMH															
		1987	Christian Lacroix															
		1988				DKNY				RICHEMONT								

世纪		年份	法国	英国	意大利	美国	日本	西班牙	德国	瑞士	荷兰	瑞典	挪威	丹麦	澳大利亚	韩国	加拿大	中国香港
20	90 年代	1990		LK Benntt		Varawang												
		1991		OASIS	Miss Sixty•		Fast Retailing							Jack&Jones				
		1992																IMAGINEX GROUP
		1994																Shanghai Tang
		1995												Only				
		1999													Sass&Bide			
21	21 世纪初	2000		Reiss														
		2004						Inditex										
		2005			VALENTINO FASHION GROUP													